DK EYEWITNESS WORKBOOKS
Clima

Nichola Barber

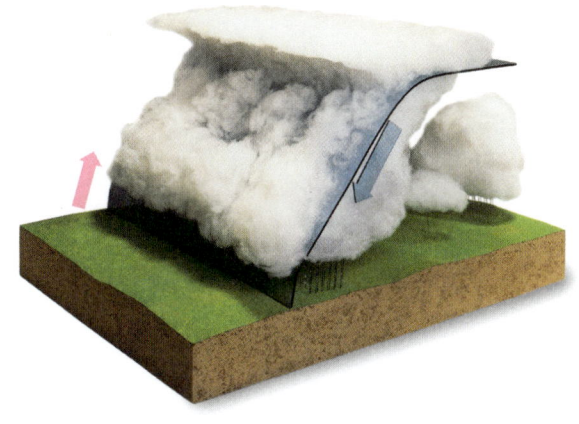

Asesoramiento pedagógico
Linda B. Gambrell y Geraldine Taylor

Edición sénior Susan Reuben y Fleur Star
Asistencia editorial Lisa Stock
Edición Avanika
Edición de arte Peter Laws, Simon Murrell y Tanisha Mandal
Biblioteca de imágenes DK Claire Bowers, Lucy Claxton, Rose Horridge, Myriam Megharbi y Romaine Werblow
Coordinación editorial Christine Stroyan y Shikha Kulkarni
Coordinación editorial de arte Anna Hall y Govind Mittal
Diseño de maqueta Anita Yadav y Pawan Kumar
Producción editorial Tom Morse
Coordinación de producción Sian Cheung
Diseño de cubiertas sénior Suhita Dharamjit
Coordinación de diseño de cubiertas Sophia MTT
Coordinación de publicaciones Andrew Macintyre
Dirección de arte Karen Self
Dirección de publicaciones Jonathan Metcalf

Edición revisada y actualizada en 2020
Publicado originalmente en Gran Bretaña
en 2008 por Dorling Kindersley Limited,
DK, One Embassy Gardens, 8 Viaduct Gardens,
London, SW11 7BW

Parte de Penguin Random House

Título original: *Eyewitness Workbook Weather*
Primera edición 2020

Copyright © 2008, 2020 Dorling Kindersley Limited

© Traducción en español 2009, 2020
Dorling Kindersley Limited

Servicios editoriales: deleatur, s.l.
Traducción: Joan Andreano Weyland

Todos los derechos reservados. Queda prohibida, salvo excepción prevista en la Ley, cualquier forma de reproducción, distribución, comunicación pública y transformación de esta obra sin contar con la autorización de los titulares de la propiedad intelectual.

ISBN: 978-0-7440-3535-3

Printed and bound in Canada

Para mentes curiosas
www.dkespañol.com

Contenido

4 Cómo utilizar este libro
5 Cuadro de progreso

Datos básicos

6 Patrones climáticos
7 La atmósfera
8 El Sol
9 El viento
10 El ciclo del agua
11 Climas extremos
12 Un clima cambiante
13 Pronóstico del tiempo

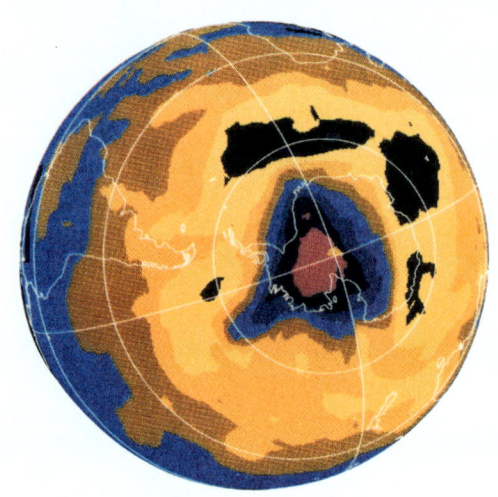

Actividades

- 14 Climas del mundo
- 16 La luz solar
- 17 Las corrientes oceánicas
- 18 Un día de viento
- 20 Frío y calor
- 21 Agua en el aire
- 22 Un cielo nublado
- 24 Tiempo tormentoso
- 25 Truenos y relámpagos
- 26 Nieve y granizo
- 27 Niebla y escarcha
- 28 Clima de montaña
- 29 Tierra y mar
- 30 El clima y la erosión
- 31 El clima en el pasado
- 32 Recoger datos climáticos
- 34 El poder del clima
- 35 Clima y polución
- 36 El medio ambiente

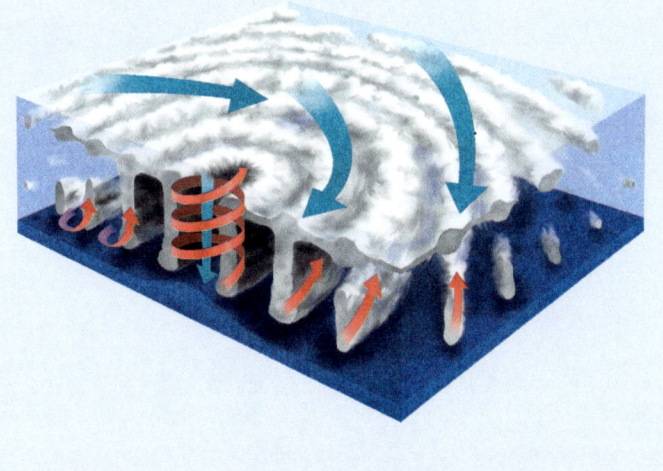

Cuestionario

- 38 El clima en la atmósfera
- 39 El Sol y la Tierra
- 40 Las corrientes oceánicas y atmosféricas
- 41 Lluvia, nieve y granizo
- 42 El clima y el cambio climático
- 43 El pronóstico del tiempo

- 44 **Soluciones de las actividades**
- 46 **Soluciones del cuestionario**
- 47 **Zonas climáticas**
- 48 **Récords climáticos**

Para los padres

Cómo utilizar este libro

La colección de **Eyewitness Workbooks** ofrece una serie de títulos interesantes y atractivos sobre historia, ciencia y geografía. Concebidos y escritos bajo la supervisión de asesoras pedagógicas profesionales, estos libros pretenden:
- desarrollar sus conocimientos acerca de un tema importante;
- darles la oportunidad de ejercitar habilidades clave y reforzar su aprendizaje escolar;
- estimular su interés por los temas tratados.

Acerca de este libro

El libro Eyewitness sobre el **clima** explora todos los fenómenos meteorológicos y cómo el clima modela nuestro mundo. En su interior encontrarán:

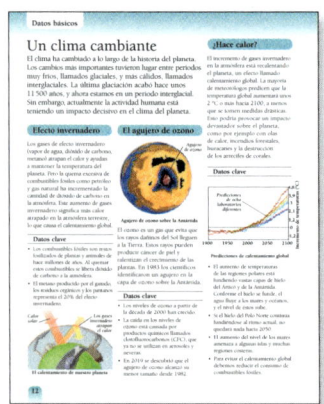

Datos básicos

Esta sección presenta la información clave de manera concisa, cosa que permite procesarla, memorizarla y recordarla. Antes de realizar las actividades, animen a sus hijos a leer y estudiar primero la valiosa información que encontrarán en esta sección y al final del libro.

Actividades

Las divertidas actividades del libro pretenden desarrollar la memoria y la capacidad de relacionar la información de sus hijos. Todos los ejercicios se pueden completar con la información de la misma página, de la sección Datos básicos o de las dos últimas páginas del libro.

Cuestionario

Sus hijos podrán evaluar los nuevos conocimientos mediante seis páginas de preguntas. Es conveniente que los niños no contesten este cuestionario antes de completar todas las actividades.

Información importante

Asegúrese de que su hijo no mira ni enfoca con su cámara directamente al Sol durante las actividades de observación de nubes de la página 22. Todas las demás actividades del libro se pueden llevar a cabo sin supervisión de un adulto.

CUADRO DE PROGRESO

A medida que vayas completando las Actividades y el Cuestionario, comprueba tus respuestas y a continuación colorea una estrella dorada en la casilla correspondiente.

Página	Tema	Estrella	Página	Tema	Estrella	Página	Tema	Estrella
14	Climas del mundo	☆	24	Tiempo tormentoso	☆	34	El poder del clima	☆
15	Climas del mundo	☆	25	Truenos y relámpagos	☆	35	Clima y polución	☆
16	La luz solar	☆	26	Nieve y granizo	☆	36	El medio ambiente	☆
17	Las corrientes oceánicas	☆	27	Niebla y escarcha	☆	37	El medio ambiente	☆
18	Un día de viento	☆	28	Clima de montaña	☆	38	El clima en la atmósfera	☆
19	Un día de viento	☆	29	Tierra y mar	☆	39	El Sol y la Tierra	☆
20	Frío y calor	☆	30	El clima y la erosión	☆	40	Las corrientes oceánicas y atmosféricas	☆
21	Agua en el aire	☆	31	El clima en el pasado	☆	41	Lluvia, nieve y granizo	☆
22	Un cielo nublado	☆	32	Recoger datos climáticos	☆	42	El clima y el cambio climático	☆
23	Un cielo nublado	☆	33	Recoger datos climáticos	☆	43	El pronóstico del tiempo	☆

Datos básicos

Patrones climáticos

Mira por la ventana. ¿Qué tiempo hace hoy? ¿Está húmedo o seco, está soleado o nublado, hace frío o calor? El clima es el estado en que se encuentra la atmósfera (el aire) que te rodea en un momento determinado. Cada día el clima afecta a tu manera de vivir: la ropa que te pones, a dónde vas, qué haces. La gente se basa en la adecuada alternancia de climas (sol y lluvia) para cosechar los alimentos.

En un solo día

El clima es el resultado de una compleja mezcla de condiciones atmosféricas. En algunos lugares es bastante predecible; en otros puede cambiar drásticamente en cuestión de horas o incluso más rápido.

El sol y la lluvia producen un arcoíris

Datos clave

- En las regiones templadas (entre los trópicos y los círculos polares) el clima es variable, con lluvias y cielos soleados en rápida sucesión.
- En las regiones tropicales el clima diario no varía demasiado, con mañanas soleadas, seguidas por breves lluvias en la tarde y un anochecer sin nubes.
- El clima que en algunos lugares es normal puede ser extremo en otros: por ejemplo, los gélidos inviernos canadienses se considerarían extremos en Florida (EE UU).

Sistemas climáticos

Aunque el clima es muy complejo, hay patrones climáticos en los diferentes lugares del planeta. Se los puede ver claramente desde el espacio como capas de nubes. Algunos sistemas climáticos traen lluvia y otros traen largos periodos de buen tiempo. Algunos, como los monzones, son estacionales.

Datos clave

- Los monzones son unos fuertes vientos que soplan en direcciones opuestas según la estación del año.
- Las corrientes en chorro son flujos que se mueven a gran velocidad en las capas superiores de la atmósfera. Las cuatro más importantes ejercen una enorme influencia sobre los sistemas climáticos que están debajo de ellas.

Grupos de nubes sobre la Tierra

Del calor al frío

El clima existe en la Tierra porque el Sol no calienta toda su superficie de la misma manera. Las regiones tropicales cercanas al ecuador reciben más energía calorífica que las regiones cercanas a los polos. Las diferencias de temperatura entre ambas regiones ponen en movimiento las grandes masas de aire y crean lo que llamamos viento.

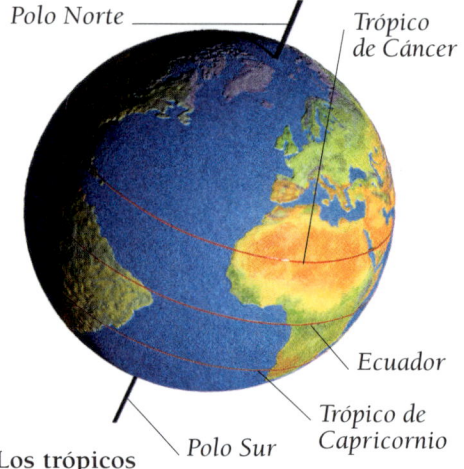

Los trópicos

Datos clave

- Los trópicos son las regiones situadas entre el ecuador y el trópico de Cáncer, en el hemisferio norte, y el trópico de Capricornio, en el hemisferio sur.
- Las regiones tropicales incluyen toda la superficie de la Tierra en que el Sol se encuentra directamente encima (a 90°) al menos una vez al año.
- El Polo Sur es más frío que el Polo Norte porque se encuentra en medio de la vasta masa continental antártica, mientras que el Polo Norte se encuentra rodeado por el congelado océano Ártico.
- Una gruesa capa de hielo, que se extiende por un área de 14 millones de kilómetros cuadrados, cubre la Antártida.

Datos básicos

La atmósfera

El clima se desarrolla en la capa de gases que rodean la Tierra llamada atmósfera. Si la atmósfera no existiera, no podría haber vida en la Tierra. Durante el día la atmósfera evita que algunos rayos solares nocivos nos quemen. En la noche, evita que nos congelemos al impedir que el calor escape al espacio. El clima se desarrolla en la parte más baja de la atmósfera.

¿Qué es el aire?

El aire que respiramos es una mezcla de gases. El nitrógeno y el oxígeno son los más abundantes. El dióxido de carbono no llega al 0,5 %, pero es vital para la vida en la Tierra, pues ayuda a absorber la energía calorífica del Sol y mantiene el planeta cálido. Otros gases incluyen el argón, el neón, el hidrógeno, el metano, el criptón y el helio. La parte inferior de la atmósfera también contiene vapor de agua en forma de gas invisible.

Sobre tu cabeza

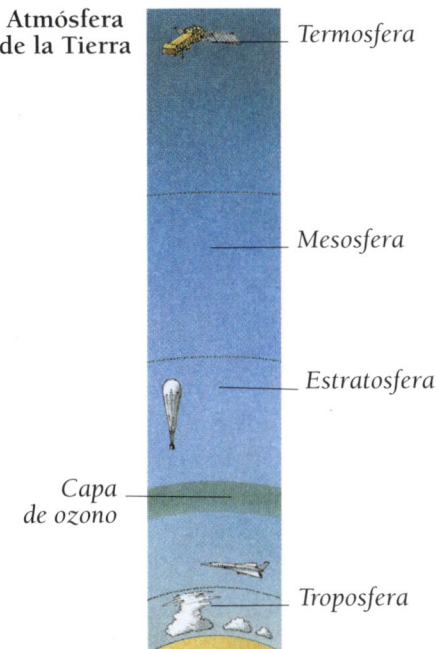

La atmósfera que hay encima de ti se puede dividir en varias capas (ver arriba). La troposfera es la capa en que tiene lugar el clima.

La presión atmosférica

La fuerza de gravedad mantiene la atmósfera en su sitio. La atracción de la gravedad terrestre hace que el aire ejerza presión sobre la superficie del planeta. Esta presión se conoce como presión atmosférica.

Datos clave

- La presión atmosférica varía a través de la superficie de la Tierra en función de la temperatura, creando zonas de alta presión y baja presión.
- La presión atmosférica se mide con un instrumento llamado barómetro. Este muestra la presión atmosférica en milibares (mb).
- La presión atmosférica disminuye con la altura. Cuanto más alto se está, menos aire hay presionando desde arriba.

Barómetro aneroide

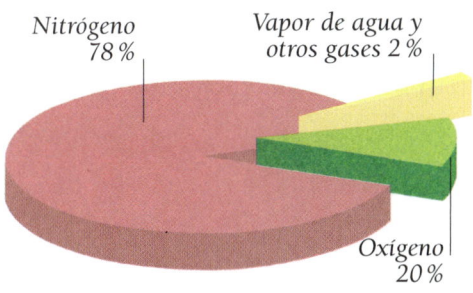

Gráfica de sectores con los porcentajes de gases que componen la atmósfera

Datos clave

- Se dice que el dióxido de carbono es un gas de efecto invernadero porque atrapa el calor en el planeta, como los paneles de vidrio de un invernadero, que impiden que el calor escape.
- La cantidad de vapor de agua que hay en el aire se conoce como humedad. Cuanto más vapor de agua hay, mayor es la humedad.
- Las muestras de hielo recogidas en las capas de hielo del Antártico y Groenlandia nos proporcionan información sobre el aire de los últimos 7 millones de años. Se analizan las pequeñas burbujas de aire atrapadas en el hielo para saber cómo era la mezcla de gases en el aire, así como su temperatura.

Datos clave

- La troposfera contiene el 80 % de los gases de la atmósfera y el 99 % del agua.
- La capa de ozono la forma el gas ozono, que absorbe los dañinos rayos ultravioleta del Sol.
- Los aviones a reacción navegan a través del fluido aire de la estratosfera.

Datos básicos

El Sol

La luz solar proporciona la energía que impulsa el clima mundial. El calor del Sol mantiene la atmósfera terrestre en continuo movimiento. Las diferentes zonas de la Tierra reciben distintas cantidades de energía calorífica del Sol. Son estas variaciones de calor entre día y noche, entre estación y estación, y en diferentes regiones, las que crean la variedad de climas que experimenta el planeta.

El calor del Sol

Solo la mitad del calor solar que llega a la atmósfera penetra hasta la superficie del planeta. La otra mitad se refleja hacia el espacio o la atmósfera la absorbe.

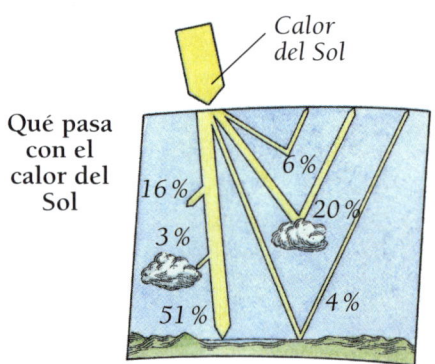

Qué pasa con el calor del Sol

Calor del Sol

6%
16%
3%
20%
51%
4%

Datos clave

- Aproximadamente el 20 % del calor solar lo reflejan las nubes y lo envían al espacio. Otro 6 % lo reflejan las moléculas del aire y un 4 % más, la superficie terrestre.
- El vapor de agua absorbe un 16 % del calor solar, las nubes absorben un 3 % más y la tierra y el agua el 51 % restante.
- El porcentaje de luz solar recibido por una superficie que es reflejado se llama albedo. La nieve y el hielo tienen un albedo muy alto porque reflejan hasta el 90 % de la luz, mientras que los océanos tienen uno muy bajo (5-10 %).

Las estaciones

En las zonas templadas la gente experimenta cuatro estaciones: invierno, primavera, verano y otoño. En muchas regiones tropicales hay solo dos estaciones al año: una seca y una de lluvias. En las zonas de desiertos cálidos a menudo no hay estaciones: hace un calor intenso y seco durante todo el año.

Datos clave

Nieve invernal

- Conforme se acerca el invierno hay cada vez menos horas de luz solar y las temperaturas descienden. Los árboles de hoja caduca pierden sus hojas y muchos animales hibernan.
- Durante la primavera hay más horas de luz y las temperaturas suben. Con el calor y la luz solar las plantas comienzan a crecer de nuevo y los animales salen de la hibernación.

El Sol y la Tierra

Conforme la Tierra gira en torno al Sol, también gira en torno a su propio eje, ligeramente inclinado con respecto a la vertical. Es esta inclinación la que origina las estaciones. En diciembre el hemisferio norte está lejos del Sol, de modo que recibe menos energía que el hemisferio sur (es invierno en el norte y verano en el sur). En junio ocurre lo opuesto: el hemisferio sur está lejos del Sol, es verano en el norte e invierno en el sur.

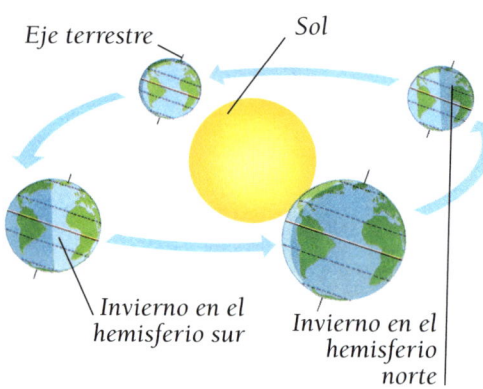

Eje terrestre — *Sol*

Invierno en el hemisferio sur — *Invierno en el hemisferio norte*

Datos clave

- Durante sus inviernos los polos están tan alejados del Sol que no reciben luz alguna durante varios meses del año.
- Durante sus veranos los polos reciben luz continua. En la tundra ártica las plantas y la fauna florecen en un breve brote de luz y calidez.
- Cuando es invierno en el hemisferio norte los días son cortos y las noches largas. Al mismo tiempo, en el hemisferio sur hay días largos y noches cortas. Seis meses después la situación es la inversa.

El viento

El viento es la corriente de aire producida en la atmósfera terrestre. A veces se mueve suavemente en forma de brisas. Otras veces puede ser fuerte y crear borrascas o huracanes. El movimiento del viento alrededor del planeta es causado por la distribución irregular del calor del Sol, que crea zonas con aire más frío y otras con aire más caliente. Las diferencias de calor provocan el movimiento del aire.

Datos básicos

El efecto Coriolis

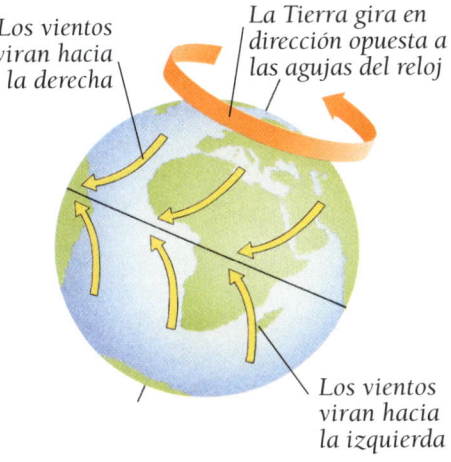

La rotación de la Tierra

Si miras el mapa de vientos del mundo verás que estos no soplan en línea recta del ecuador a los polos. Esto se debe a que la Tierra rota sobre su eje y el movimiento giratorio tiene un efecto sobre la dirección del viento.

Datos clave

- En el hemisferio norte los vientos que soplan hacia el ecuador se desvían a la derecha (hacia el oeste). En el hemisferio sur los vientos que soplan hacia el ecuador viran a la izquierda (también hacia el oeste).
- La desviación de los vientos causada por la rotación terrestre se conoce como efecto Coriolis por el apellido del científico que lo describió científicamente en 1835: Gustave-Gaspard de Coriolis.
- El efecto Coriolis es más fuerte cerca de los polos e inexistente en el ecuador.
- Las tormentas con vórtices giratorios, como los huracanes, necesitan el efecto Coriolis para comenzar a girar. Los huracanes no pueden comenzar en el ecuador puesto que allí no existe este efecto.

Vientos del mundo

Conforme el aire se calienta tiende a ascender. Dado que el aire caliente es más ligero, presiona con menos fuerza en la superficie de la Tierra y crea un área de baja presión. El aire frío es más denso que el aire cálido y tiende a bajar, presionando con más fuerza, creando zonas de alta presión.

Datos clave

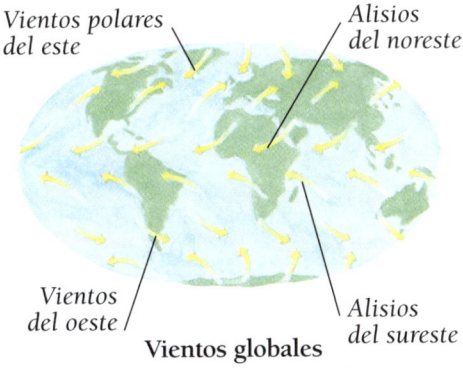

Vientos globales

- Cuando el aire cálido se eleva, una masa de aire frío se mueve debajo para reemplazarlo. Siempre que hay una diferencia de temperatura y presión se crea viento.
- Los vientos soplan desde las áreas de alta presión a las de baja presión.
- Los vientos transportan aire cálido de los trópicos hacia los polos. Los vientos fríos se mueven en dirección opuesta. A este flujo de aire se lo denomina circulación general.

Vientos locales

En muchos lugares del mundo el viento suele soplar desde la misma dirección. Este tipo de viento se conoce como viento predominante. Sin embargo, en otros lugares los accidentes geográficos como montañas o valles crean vientos locales.

Datos clave

- El mistral es un viento local que sopla del noroeste de Europa hacia el mar atravesando el valle del Ródano, en Francia.

El mistral azota la nieve del monte Venoux, en Francia

- La dirección del viento es dada siempre por aquella desde la cual esté soplando.
- En los trópicos se conocen como alisios a los vientos predominantes. Cuando las mercancías solo se transportaban por barco de vela, estos vientos se aprovechaban para navegar hacia el oeste.

Datos básicos

El ciclo del agua

Siempre hay humedad en el aire que nos envuelve. Incluso en el aire del más seco y caluroso de los desiertos. Se encuentra en forma de un gas invisible llamado vapor de agua. Aunque no podemos verlo, podemos sentirlo en el aire como humedad. Si el vapor de agua se enfría lo suficiente, se puede convertir en gotitas de líquido, en un proceso llamado condensación.

Reciclaje

Conforme el Sol calienta la superficie de la Tierra, el agua se evapora de forma continua. Cuando el vapor de agua se eleva hacia la atmósfera también se enfría hasta formar pequeñas gotitas. Al final estas gotitas acaban juntándose hasta formar gotas más grandes que caen como precipitaciones.

Datos clave

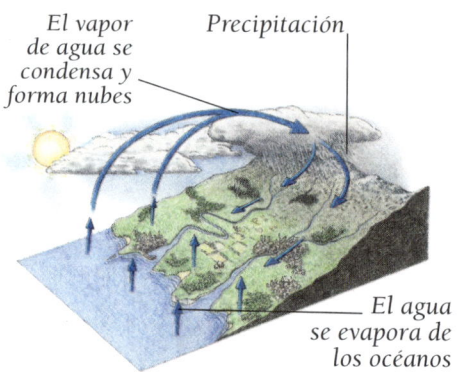

El ciclo del agua

- El proceso de evaporación y condensación por el que se forman las nubes, la lluvia y la nieve se llama ciclo del agua.
- Las precipitaciones son agua proveniente de las nubes en forma de lluvia, nieve, granizo o aguanieve.
- Cada día caen en todo el planeta unos 1400 millardos de toneladas métricas de precipitaciones.

Formación de nubes

El aire caliente puede contener más vapor de agua que el aire frío. En un día cálido, la superficie se calienta y calienta el aire que tiene encima. Si una franja de terreno se calienta más que la zona que la rodea, puede dejar escapar una burbuja de aire caliente. Conforme esta se eleva, su vapor de agua se enfría y comienza a condensarse. Vemos las pequeñas gotitas en suspensión en el aire como nubes.

Datos clave

- Las nubes que se crean así se llaman nubes de convección.
- El vapor de agua se condensa siempre en torno a minúsculas partículas de polvo, sal y humo que hay presentes en la atmósfera, llamadas núcleos de condensación.
- Las gotitas que forman una nube son diminutas. Hacen falta cerca de un millón para formar una gota.

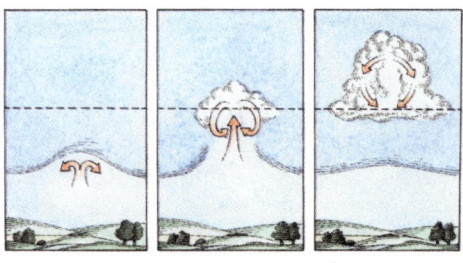

Formación de una nube

La lluvia

Nubes grises descargando

Las gotitas en suspensión en las nubes se unen para formar gotas más grandes, y si llegan a tener suficiente peso, caen en forma de lluvia. Muchas de las gotas no llegan al suelo. Si atraviesan aire cálido y seco, pueden evaporarse antes y volver a subir para condensarse nuevamente y formar nubes. A esta precipitación se la conoce como virga.

Datos clave

- Las gotitas de lluvia se van uniendo unas con otras al chocar. A este proceso se lo llama coalescencia.
- La mayoría de gotas miden menos de 5 mm de diámetro. Aquellas que miden menos de 0,5 mm se clasifican como llovizna.
- Las gotas más grandes caen más rápido. La llovizna cae tan lentamente que a menudo se evapora antes de llegar a tierra.
- Los meteorólogos (científicos que estudian el clima) describen la lluvia como «débil» si caen menos de 2,5 mm en una hora. Si caen más de 7,5 mm en una hora la lluvia se considera «fuerte».

Climas extremos

A veces el clima causa devastación y muerte debido a su extrema intensidad. Un exceso de lluvias puede causar inundaciones. Largos periodos de clima cálido y sin lluvia pueden causar sequías. Las tormentas con fuertes vientos, como los huracanes y tornados, pueden devastar grandes áreas. Intensas nevadas pueden causar avalanchas o convertirse, a causa de fuertes vientos, en ventiscas.

Datos básicos

Huracanes

Los huracanes son las tormentas más violentas y destructivas del planeta. Los más grandes pueden superar los 800 km de diámetro. Se forman sobre mares y océanos tropicales, conforme el aire cálido y húmedo se eleva de la superficie. Los vientos de un huracán pueden llegar a soplar hasta a 300 km/h, causando una destrucción inmensa mientras se desplaza por la tierra.

Un huracán sopla sobre la costa

Datos clave

- Los huracanes se denominan ciclones tropicales cuando ocurren en el océano Índico y en el Pacífico Sur, y tifones cuando tienen lugar en el noroeste del océano Pacífico occidental.
- Los huracanes solamente pueden darse en regiones en las que la temperatura del agua sea superior a 27 °C.

Clima cálido

Cuando las precipitaciones están por debajo del nivel habitual en una región determinada durante mucho tiempo, se puede dar una sequía. La falta de lluvia suele coincidir con periodos extensos de clima cálido, de modo que las sequías y las olas de calor suelen ir de la mano. La escasez de agua puede tener efectos devastadores para las plantas, la fauna y la gente.

Datos clave

- Una sequía puede causar hambruna si los granjeros no tienen suficiente agua para hacer crecer sus cosechas.
- Si las lluvias monzónicas no llegan a tiempo en el sudeste asiático, se dan sequías y hambrunas.
- Las olas de calor a menudo están causadas por áreas de alta presión que se quedan estancadas, llamadas anticiclones estacionarios.

Tierra cuarteada durante una sequía

Nieve y hielo

Las ventiscas se producen cuando una tormenta de nieve desarrolla fuertes vientos o cuando estos levantan y transportan nieve de la superficie. Suelen ocurrir en regiones remotas y montañosas, pero si llegan a zonas pobladas, como ciudades, pueden causar el caos. Las tormentas de hielo son una amenaza en especial en América del Norte. Se dan cuando cae una lluvia helada que cubre todo lo que toca con una capa de hielo. Este se acumula hasta que su propio peso acaba quebrando ramas de árboles, tejados y líneas telefónicas.

Una escena invernal

Datos clave

- Los vientos pueden acumular la nieve en las alturas de los montes en pilas llamadas ventisqueros. Estos pueden tener hasta 12 m de altura y enterrar casas y coches, dejar atrapado al ganado y hacer imposible el desplazamiento por esa zona.
- Durante una tormenta de hielo, puede acumularse una capa de este de 15 cm o más.
- Uno de los peores desastres que asoló Canadá fue una tormenta de hielo que devastó el este del país y el noreste de los EE UU en 1998.

Datos básicos

Un clima cambiante

El clima ha cambiado a lo largo de la historia del planeta. Los cambios más importantes tuvieron lugar entre periodos muy fríos, llamados glaciales, y más cálidos, llamados interglaciales. La última glaciación acabó hace unos 11 500 años, y ahora estamos en un periodo interglacial. Sin embargo, actualmente la actividad humana está teniendo un impacto decisivo en el clima del planeta.

¿Hace calor?

El incremento de gases invernadero en la atmósfera está recalentando el planeta, un efecto llamado calentamiento global. La mayoría de meteorólogos predicen que la temperatura global aumentará unos 2 °C o más hacia 2100, a menos que se tomen medidas drásticas. Esto podría provocar un impacto devastador sobre el planeta, como por ejemplo con olas de calor, incendios forestales, huracanes y la destrucción de los arrecifes de corales.

Efecto invernadero

Los gases de efecto invernadero (vapor de agua, dióxido de carbono, metano) atrapan el calor y ayudan a mantener la temperatura del planeta. Pero la quema excesiva de combustibles fósiles como petróleo y gas natural ha incrementado la cantidad de dióxido de carbono en la atmósfera. Este aumento de gases invernadero significa más calor atrapado en la atmósfera terrestre, lo que causa el calentamiento global.

Datos clave

- Los combustibles fósiles son restos fosilizados de plantas y animales de hace millones de años. Al quemar estos combustibles se libera dióxido de carbono a la atmósfera.
- El metano producido por el ganado, los residuos orgánicos y los pantanos representa el 20 % del efecto invernadero.

El calentamiento de nuestro planeta

El agujero de ozono

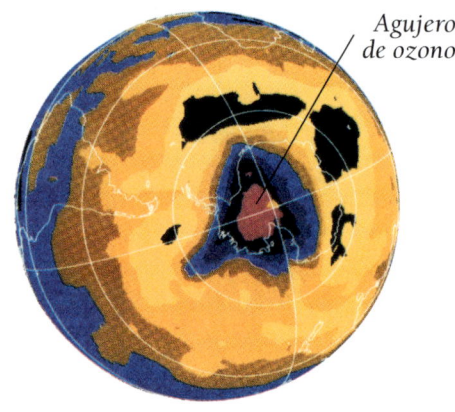
Agujero de ozono sobre la Antártida

El ozono es un gas que evita que los rayos dañinos del Sol lleguen a la Tierra. Estos rayos pueden producir cáncer de piel y ralentizan el crecimiento de las plantas. En 1983 los científicos identificaron un agujero en la capa de ozono sobre la Antártida.

Datos clave

- Los niveles bajaron en la década de 1990 y han crecido a partir de la década de 2000.
- La caída fue posible porque unos productos químicos llamados clorofluorocarbonos (CFC) dejaron de utilizarse en aerosoles y neveras.
- En 2019 se descubrió que el agujero de ozono alcanzó su menor tamaño desde 1982.

Datos clave

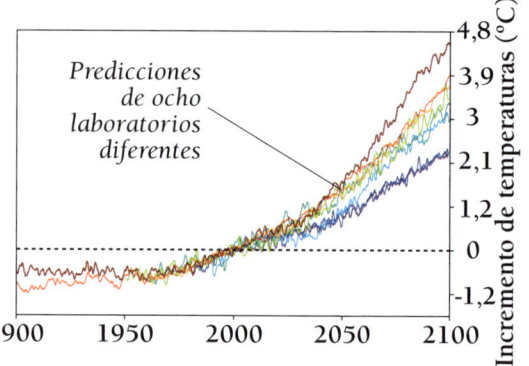
Predicciones de calentamiento global

- El aumento de temperaturas de las regiones polares está fundiendo vastas capas de hielo del Ártico y de la Antártida. Conforme el hielo se funde, el agua fluye a los mares y océanos, y el nivel de estos sube.
- Si el hielo del Polo Norte continúa fundiéndose al ritmo actual, no quedará nada hacia 2050.
- El aumento del nivel de los mares amenaza a algunas islas y muchas regiones costeras.
- Para evitar el calentamiento global debemos reducir el consumo de combustibles fósiles.

Pronóstico del tiempo

Los meteorólogos utilizan potentes computadoras para predecir lo que hará el clima en las próximas 24 horas e incluso más. Introducen mediciones de una amplia gama de fuentes en las computadoras, a fin de darles una imagen lo más precisa posible. La información sobre el clima se obtiene en estaciones meteorológicas por todo el mundo, así como de satélites en órbita.

Datos básicos

¿Por qué es importante?

A todos nos gusta saber qué tiempo va a hacer: si lloverá o si será un día soleado, si podemos ir solo con un polo o si nos hará falta llevar una casaca. Pero para algunas personas las previsiones meteorológicas tienen una importancia vital. Guardacostas, pescadores y marineros confían en ellas para saber qué condiciones encontrarán en el mar. Los campesinos deben saber cómo afectará el clima a sus cosechas. Los pilotos y los controladores aéreos las usan para guiar los aviones a salvo de tormentas y otros peligros.

Fotos satelitales

Los datos que proporcionan los satélites son vitales para hacer modelos de lo que acontece con el clima en el mundo. Los satélites meteorológicos se ponen en órbita mediante cohetes no tripulados.

Datos clave

- Algunos satélites meteorológicos son geoestacionarios. Su órbita está a 36 000 km de altitud, y siempre se encuentran sobre el mismo lugar.
- Otros satélites son de órbita polar; dan vueltas en torno al planeta a unos 850 km de altitud y pasan por encima de ambos polos varias veces al día.
- Los satélites meteorológicos transmiten a la Tierra datos acerca de la temperatura, las nubes y el viento.

Imagen satelital de un huracán

Globos meteorológicos

Los globos meteorológicos llegan a las zonas altas de la atmósfera

Se envía globos sonda a las zonas altas de la atmósfera. Están llenos de hidrógeno y pueden alcanzar alturas de hasta 40 km antes de desintegrarse. Llevan a bordo instrumentos que envían a los meteorólogos la información.

Datos clave

- Dos veces cada día se liberan globos meteorológicos simultáneamente desde al menos 800 lugares del mundo.
- Los globos meteorológicos pueden viajar hasta 200 km desde su lugar de lanzamiento. Al seguirles la pista, los meteorólogos pueden calcular la velocidad del viento.
- El paquete de instrumentos que llevan se conoce como radiosonda.

Las previsiones meteorológicas son vitales para los marineros

Datos clave

- Las previsiones meteorológicas se ofrecen en formatos distintos. Hay mapas meteorológicos en diarios y páginas web, así como informes en TV, radio y apps.
- Muchos países emiten previsiones meteorológicas especiales para marineros y campesinos.
- Si las previsiones son fenómenos extremos, como fuertes lluvias, ventiscas, granizo o huracanes, se emiten alertas para la gente de las zonas afectadas.

Actividades

Climas del mundo

El clima no es sino el tiempo que hace en un determinado lugar a lo largo de un periodo de tiempo. Los climas más fríos del planeta se dan cerca de los polos, y los más cálidos, en las regiones cercanas al ecuador. Algunos lugares, como los desiertos, tienen climas secos, mientras que otros, como las selvas tropicales, son cálidos y húmedos todo el año.

¿Sabías que…?

Muchas aves emigran a zonas más cálidas durante los meses de invierno. El charrán ártico tiene posiblemente el récord mundial de distancia más larga de migración: vuela cerca de 80 000 km cada año.

¿Qué clima?

Este mapa muestra las diferentes zonas climáticas del mundo. Usa la información en las tablas al final del libro para rellenar los espacios en blanco de la leyenda del mapa.

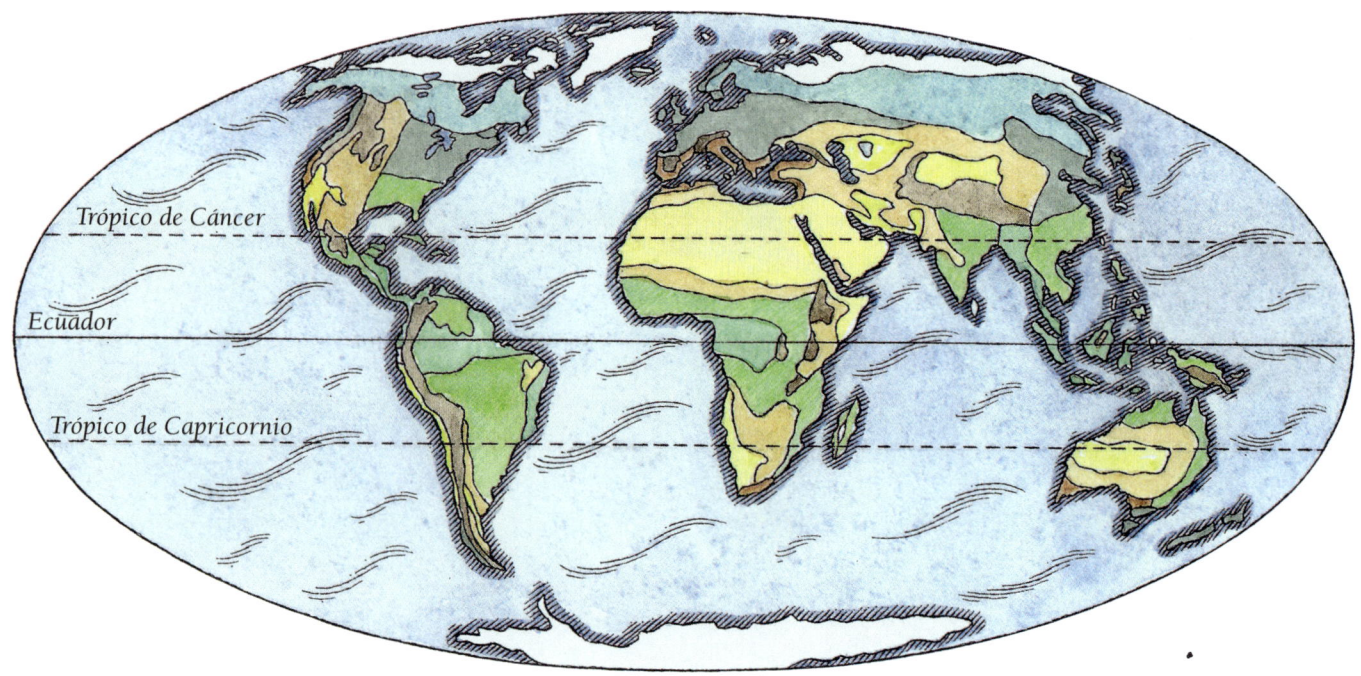

Clave	Zona	Estaciones
	1. Montaña	El clima depende de la altitud (ver página 28)
	2. Taiga	....
	3.	Frío extremo todo el año
	4.	Veranos templados, inviernos suaves
	5. Mediterránea	....
	6.	Veranos cálidos y secos, inviernos fríos
	7.	Veranos cálidos, inviernos suaves
	8. Tropical	....
	9.	Cálido y seco todo el año

14

Actividades

Adaptación al clima

Las plantas y los animales se han adaptado para vivir en algunos de los climas más duros del planeta. Relaciona las imágenes y sus descripciones con los nombres correctos de la lista que encontrarás a la derecha.

Elige entre los siguientes:
**Árbol de selva tropical   Pingüino   Árbol conífero
Leopardo de las nieves
Dromedario   Cactus**

1. ....
2. ....
3. ....

Este animal puede sobrevivir varios días sin agua.

Este pájaro tiene una capa de grasa que mantiene su calor corporal.

Este animal tiene un grueso pelaje que lo abriga del frío hábitat montañoso.

4. ....
5. ....
6. ....

Esta planta crece rápidamente en los bosques lluviosos de América del Sur.

Las finas agujas de este árbol de hoja perenne tienen una capa de cera que las protege en climas fríos.

Esta planta almacena agua en su tallo. Sus hojas son las afiladas espinas que la protegen del ardiente sol.

Hogares y climas

El clima de algunas regiones incide en el tipo de casas en que viven sus habitantes. Rellena los espacios en blanco de estas oraciones: usa las imágenes como ayuda.

1. En África y otros lugares con clima seco y cálido la gente ha construido sus casas con .... desde hace siglos. Las gruesas paredes ayudan a mantener el interior fresco.
2. En el gélido Ártico, los inuit saben cómo construir refugios con bloques de nieve. Se llaman ....
3. En las estepas de Asia Central el clima puede ser muy frío. Algunos pueblos viven en casas portátiles hechas de marcos cubiertos con grueso fieltro. Estas bonitas tiendas se llaman ....
4. En los climas templados llueve mucho. La gente construye casas con .... inclinados para que la lluvia se deslice con rapidez.

Iglúes

Casas con tejados inclinados

Casas de adobe

Yurta

Actividades

La luz solar

El calor del Sol pone en marcha el clima que circula por el planeta. Pero, debido a la curvatura de la Tierra, el calor no llega de manera uniforme a todos los lugares. En los trópicos, los rayos del Sol inciden de manera más directa, concentrando la energía solar. En los polos inciden con más ángulo, disipando el calor por un área más extensa.

Los rayos del Sol llegan directamente a la Tierra

Los rayos del Sol llegan en ángulo a la superficie

Cómo llegan los rayos solares a la Tierra

Compruébalo tú mismo

Realiza este experimento para comprobar por qué el Sol no calienta por igual todo el planeta.

1 Sujeta una linterna de manera que el haz de luz se proyecte directamente en una hoja de papel en blanco. Traza la silueta del área iluminada en el papel.

2 Ahora pon la linterna inclinada de manera que el haz de luz se proyecte en la hoja de papel en ángulo y vuelve a trazar la zona de luz. ¿Qué forma es más grande?

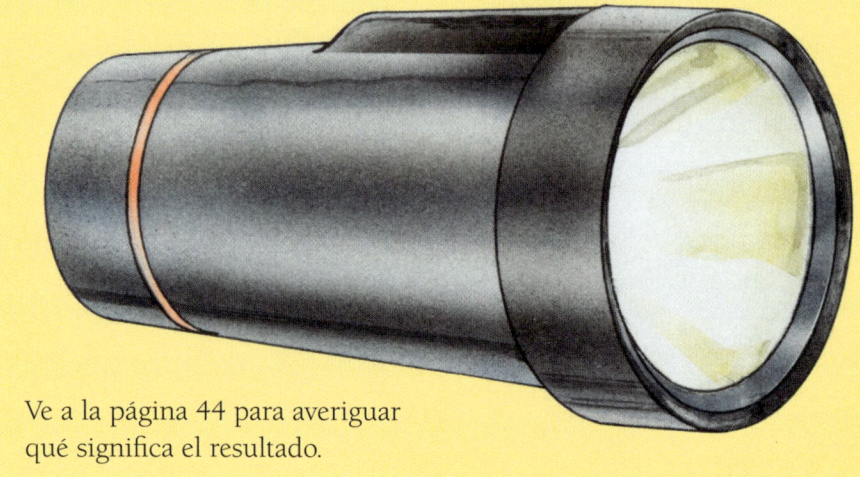

Ve a la página 44 para averiguar qué significa el resultado.

Espectáculos de luz

- La luz blanca es, en realidad, una mezcla de colores.
- Cuando los rayos solares atraviesan las gotas de lluvia, estas descomponen la luz en los siete colores del arcoíris.

- En las puestas de sol solemos ver cielos amarillos, naranjas y rojos. El Sol está tan bajo con respecto al horizonte que la densa atmósfera dispersa los rayos verdes, azules, índigo y violeta.

Ejercicio solar

Subraya la palabra correcta para completar la frase. Utiliza la información de la página 8 y de esta página como ayuda.

1. Cerca de **la mitad / un cuarto** de la energía calorífica del Sol que entra en la atmósfera llega a la superficie y calienta océanos y continentes.
2. La capacidad de una superficie para reflejar la luz solar se llama **albino / albedo**.
3. En el ecuador los rayos del Sol inciden de manera **más / menos** directa sobre el planeta que en los polos.
4. En junio el Polo Norte se encuentra inclinado **hacia el / alejado del** Sol.
5. Un arcoíris está formado por gotitas que lluvia que descomponen la luz solar en **siete / nueve** colores.
6. Al anochecer el cielo suele ser de color **rojizo / azulado** porque la densa atmósfera disipa algunos de los rayos del Sol.

Actividades

Las corrientes oceánicas

La energía calorífica del Sol mueve las corrientes oceánicas. Los enormes océanos transportan el calor desde los trópicos hasta las regiones polares, mientras que las corrientes frías ayudan a enfriar los trópicos. Los océanos ganan y pierden calor más lentamente que la tierra, por lo que las zonas costeras tienen climas menos extremos que las interiores.

¿Sabías que…?

Todas las corrientes oceánicas del mundo están interconectadas en un enorme sistema que redistribuye la energía solar por el planeta. A este sistema se le conoce como la cinta transportadora oceánica porque semeja un gigantesco circuito.

Nombra las corrientes

Lee las descripciones de estas corrientes oceánicas. Luego escribe el número correcto en las cajas a fin de identificarlas.

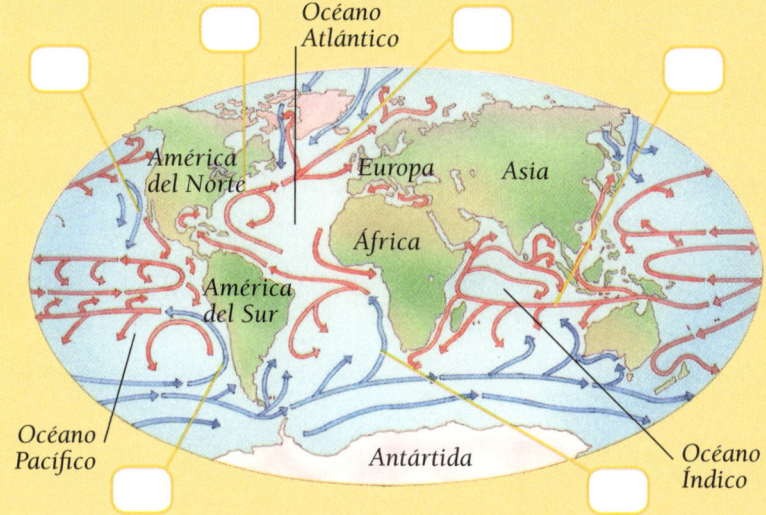

1. La **Corriente del Golfo** transporta agua cálida desde el Golfo de México hasta el Atlántico Norte.
2. La **Corriente de Humboldt** transporta agua fría de la Antártida a lo largo de la costa oriental de América del Sur.
3. La **Corriente de Benguela** transporta agua fría del Océano Glacial Antártico por la costa occidental de África.
4. La **Corriente del Atlántico Norte** continúa el transporte de aguas cálidas de la Corriente del Golfo por las costas del noroeste de Europa.
5. La **Corriente de California** transporta agua fría hacia el sur, a lo largo de la costa occidental norteamericana.
6. La **Corriente Ecuatorial del Sur** es una corriente de los océanos Pacífico, Atlántico e Índico que fluye de Este a Oeste entre el ecuador y los 20° Sur.

El Niño

Lee la información acerca de El Niño. Luego dibuja una línea para unir cada párrafo con la parte adecuada de la imagen, que muestra la situación durante una manifestación de El Niño.

En el Océano Pacífico, la cálida Corriente Ecuatorial del Sur suele fluir de Este a Oeste. Transporta agua fría del suelo oceánico a lo largo de la costa suramericana. En Australia y el sureste asiático, el vapor de agua se eleva de los océanos y alimenta fuertes lluvias. Cada dos o cinco años hay un cambio en este patrón de corrientes oceánicas y circulación del aire llamado El Niño.

Durante El Niño:

4. **Australia y el sureste asiático sufren sequías.**

2. **El agua fría no puede ascender debido al agua cálida que tiene encima.**

3. **El agua cálida de la superficie causa fuertes lluvias en América del Sur.**

1. **La Corriente Ecuatorial del Sur se debilita y el agua cálida fluye hacia América del Sur.**

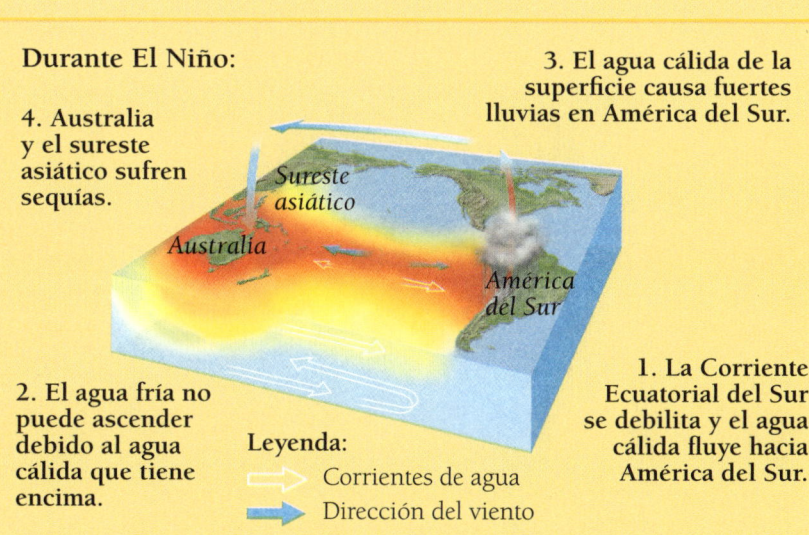

Leyenda:
⇨ Corrientes de agua
⇨ Dirección del viento

Actividades

Un día de viento

Los meteorólogos estudian el viento para saber cuál es su dirección y su velocidad. Las veletas indican la dirección del viento. Unos instrumentos llamados anemómetros miden su velocidad. Para describir la velocidad del viento y sus posibles efectos, los meteorólogos usan la escala de Beaufort.

¿Sabías que…?

La escala de Beaufort lleva el nombre de su creador, un oficial de la marina británica llamado sir Francis Beaufort. Desarrolló la escala en el año 1805 como un método preciso de medición de la fuerza del viento.

Medir la velocidad del viento

Puedes construir fácilmente un anemómetro para medir la velocidad del viento.

1. Ata una pita a la parte central de un transportador. Une el otro extremo de la pita a una pelota de ping pong con cinta adhesiva.
2. Comprueba que la pita cuelga tensa y en vertical cuando no sopla nada de aire. Esto indica una velocidad de 0 km/h.
3. Sujeta el anemómetro en paralelo con el viento de modo que la pelota se mueva a lo largo del transportador. Por el ángulo de la pita en el transportador se puede estimar la fuerza del viento.
4. Compara tus mediciones de velocidad con las fuerzas del viento en la escala de Beaufort (abajo). ¿Cuál ha sido la medición más alta que has realizado?

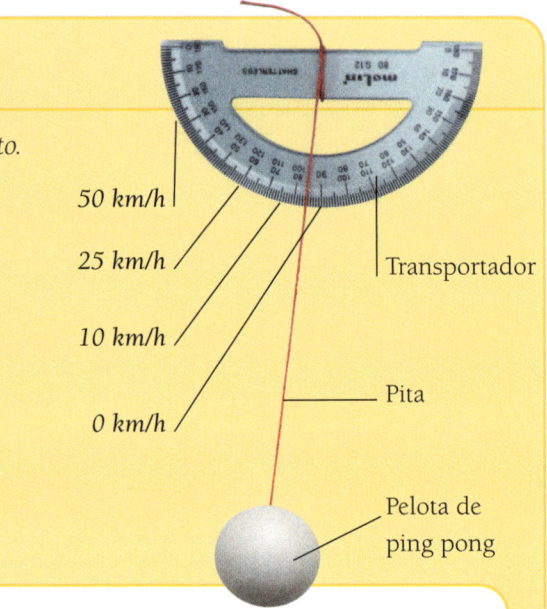

Fuerza	Descripción	Velocidad en nudos (y km/h)	Efectos
0	Calma	1 o menos (1 o menos)	El humo se eleva en vertical
1	Ventolina	1–3 (2–5)	Las banderas y veletas no se mueven pero el humo indica el viento
2	Brisa muy débil	4–7 (6–11)	El humo indica presencia de viento
3	Brisa débil	8–12 (12–19)	Las hojas y hierba se mueven, las banderas ligeras se mueven un poco
4	Brisa moderada	13–18 (20–29)	Hojas sueltas y papeles se levantan
5	Brisa fresca	19–24 (30–39)	Los árboles pequeños comienzan a torcerse
6	Brisa fuerte	25–31 (40–50)	Dificultades para usar los paraguas
7	Viento fuerte	32–38 (51–62)	Dificultad para andar contra el viento
8	Temporal	39–46 (63–75)	Se rompen las ramas de los árboles
9	Temporal fuerte	47–54 (76–87)	Caen chimeneas, vuelan tejas y baldosas de los techos
10	Temporal duro	55–63 (88–102)	Árboles arrancados, daños estructurales considerables
11	Temporal muy duro	64–75 (103–120)	Se experimenta raras veces: devastación generalizada, edificios destruidos
12+	Huracán	75 o más (120 o más)	

Actividades

¿Qué es la temperatura de sensación?

La fuerza del viento puede afectar a tu temperatura corporal. El viento se lleva la fina capa de aire que tu cuerpo calienta, y hace que sientas frío. Aunque la temperatura del aire sigue siendo la misma, el viento te da la sensación de que hace más frío.

Mira la tabla de sensación térmica que hay al lado. Para hallar la temperatura de sensación debes buscar la temperatura real del aire (arriba) y la velocidad del viento (izquierda). Parte de la temperatura y muévete a lo largo de la velocidad del viento hasta que halles el lugar en que ambas se encuentran. Esto te dirá la sensación térmica causada por esta combinación de temperatura y velocidad del aire.

	Temperatura °C						
Velocidad del viento (km/h)		25	20	15	10	5	1	-5
0	25	20	15	10	5	1	-5
5	25	21	16	11	7	3	-3
10	24	19	13	8	2	-2	-9
15	23	17	11	5	-1	-5	-13
20	23	16	10	4	-3	-8	-16
25	22	16	9	2	-5	-10	-18
30	22	15	8	1	-6	-12	-20
35	22	14	7	1	-7	-13	-21
40	21	14	7	-1	-8	-14	-23
45	21	14	7	-1	-9	-15	-24
50	21	13	6	-2	-9	-16	-25

¿Cuál es la temperatura de sensación si...?

1. La temperatura del aire es de 5 °C y la velocidad del viento es de 15 km/h: ....
2. La velocidad del viento es de 20 km/h y la temperatura del aire es de -5 °C: ....
3. La temperatura del aire es de 15 °C y la velocidad del viento es de 30 km/h: ....
4. La temperatura del aire es de 25 °C y la velocidad del viento es de 5 km/h: ....

Un enigma retorcido

Lee los datos acerca de los tornados. Luego rellena los recuadros de la imagen. Elige entre:

Nube madre   Cono   Devastación

- Los tornados son columnas de aire que giran. Se forman en nubes de tipo cumulonimbos. Dado que giran a gran velocidad, a veces se los llama torbellinos.

- Los tornados se forman a partir de una nube madre en la base del cumulonimbo. La columna giratoria de aire, llamada cono, se extiende desde la base hacia abajo, hasta tocar tierra.

- Los vientos de un tornado son los más rápidos del planeta. Conforme el tornado se desplaza pueden causar la devastación, destruyendo edificios, arrancando árboles y arrojando vehículos a gran distancia.

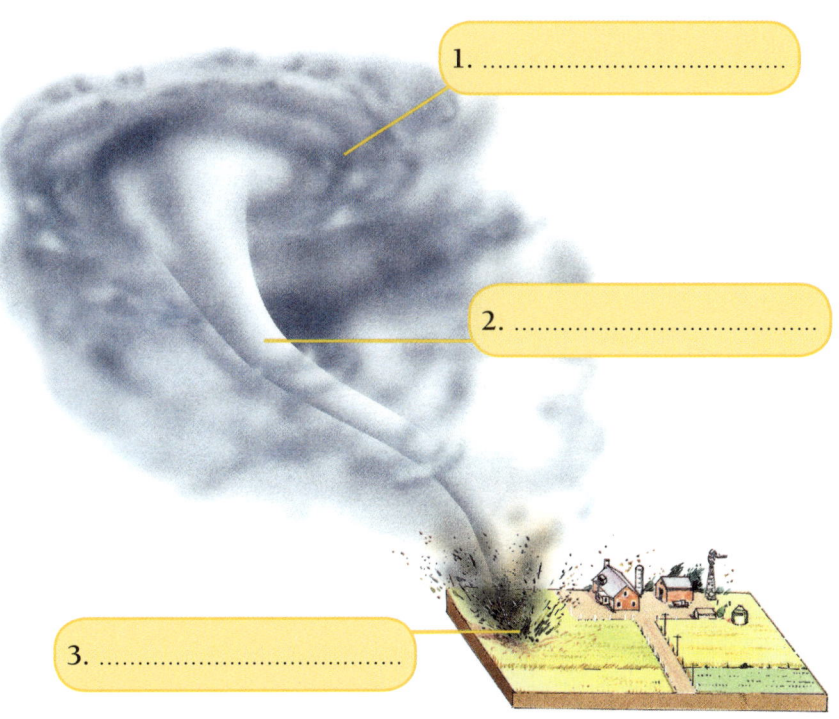

1. ....
2. ....
3. ....

Actividades

Frío y calor

El aire que circula por la atmósfera terrestre no se comporta igual si sopla por encima de la masa continental o del mar. El aire que pasa sobre tierras frías tiende a enfriarse, mientras que las cálidas tienden a calentarlo. El aire que circula sobre el mar recoge humedad. A las grandes cantidades de aire con características similares se las llama masas de aire.

¿Sabías que...?

En los mapas meteorológicos, un frente cálido se indica con una línea roja con semicírculos, y un frente frío, con una azul con triángulos.

Masas de aire

Lee la información acerca de los cuatro tipos principales de masas de aire. Luego escribe en las cajas los números correspondientes a las descripciones de las diferentes masas.

Masas de aire

Las masas de aire se definen principalmente por su humedad y temperatura. Hay cuatro tipos:

1. Continental tropical (Tc): cálida y seca cuando circula sobre tierra.
2. Marítima tropical (Tm): cálida y húmeda cuando circula sobre el mar.
3. Continental polar (Pc): fría y seca cuando circula sobre tierra.
4. Marítima polar (Pm): fría y húmeda cuando circula sobre el mar.

Frentes cálidos y frentes fríos

Cuando dos masas de aire se encuentran no suelen mezclarse, porque por lo general una es más fría que la otra. Lee las descripciones que hay abajo y completa las líneas en blanco de los diagramas.

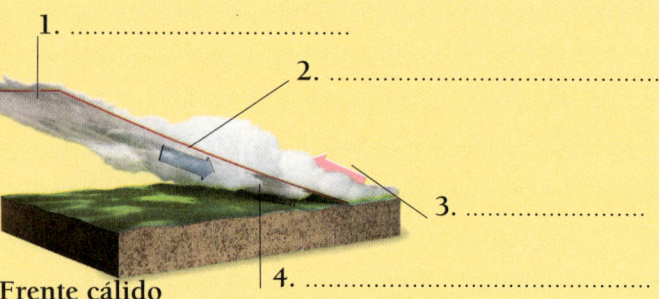

1. ....
2. ....
3. ....
4. ....

Frente cálido
Cuando una masa de aire cálido se encuentra con una de aire más frío, **el aire menos denso y más cálido pasa por encima** del más **denso y frío**. Al elevarse, el aire cálido se enfría y condensa, formando **nubes**. Los frentes cálidos a menudo traen nubes y **lluvia**.

1. ....
2. ....
3. ....
4. ....

Frente frío
En un frente frío, el aire más **denso y frío** empuja al más cálido y crea una **pronunciada pendiente**. El **aire cálido** se eleva y condensa rápidamente, creando a menudo **nubes de tormenta** a lo largo del frente.

Actividades

Agua en el aire

Constantemente hay agua evaporándose de la superficie de la tierra y subiendo a la atmósfera. Al final esta agua vuelve a caer en forma de precipitación: lluvia, nieve, granizo o aguanieve. Los meteorólogos miden la cantidad de lluvia mediante un pluviómetro. En muchas partes del mundo la gente cuenta con las lluvias estacionales para sus cosechas.

Los monzones

- El monzón asiático procura lluvias estacionales a Pakistán, India y el sureste asiático.
- Durante el invierno, esta región entra en una estación seca cuando la alta presión sobre el continente asiático y las bajas presiones sobre el océano Índico crean vientos secos y fríos del noreste.
- En verano la tierra se calienta más rápidamente que el mar, creando una zona de baja presión sobre el continente. El monzón del suroeste trae aire cálido y húmedo, así como lluvias torrenciales, desde el océano Índico.

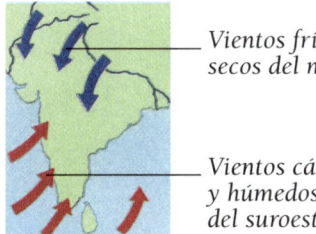

Vientos fríos y secos del noreste

Vientos cálidos y húmedos del suroeste

¿Verdadero o falso?

Lee las siguientes oraciones acerca del monzón. Usando la información que hay en esta página y en la página 9, marca en cada caso la casilla correcta.

VERDADERO FALSO

1. Los vientos soplan de las áreas de baja presión hacia las de altas presiones. ☐ ☐
2. El viento monzónico del noreste causa la estación seca de la India. ☐ ☐
3. El viento que transporta lluvias al sureste asiático proviene del océano Pacífico. ☐ ☐
4. En verano el continente se calienta más rápido que el mar. ☐ ☐
5. El aire cálido que se eleva crea una zona de alta presión. ☐ ☐

¿Cuánto llueve?

Puedes crear tu propio pluviómetro con una jarra, un embudo y una regla.

1. Pon el embudo en la boca de la jarra.
2. Sujeta con cinta aislante la regla a un lado de la jarra.
3. Añade agua a la jarra hasta que llegues al nivel de 0 mm. Luego pon tu pluviómetro al aire libre.
4. Comprueba tu pluviómetro todos los días a la misma hora y anota la cantidad de agua que hay en la jarra por encima de la marca de 0.
5. Pasada una semana, pon otra vez el pluviómetro a nivel 0 y comienza un nuevo juego de mediciones.

	Lu	Ma	Mi	Ju	Vi	Sa	Do	Total
Semana 1								
Semana 2								
Semana 3								
Semana 4								

Actividades

Un cielo nublado

Las nubes varían entre los esponjosos cumulonimbos y los delicados cirros, pero todas están compuestas de los mismos ingredientes. Las nubes más bajas están formadas por gotitas de agua minúsculas. A mayores altitudes las gotitas se condensan y congelan formando cristales de hielo.

¿Sabías que...?

Los nombres de las nubes provienen de palabras en latín. *Stratus* (estrato) significa capa; *cumulus* (cúmulo) significa montón; *cirrus* (cirro), delicado, y *nimbus* (nimbo) significa lluvioso.

Clasifica las nubes

 ADVERTENCIA Nunca mires ni apuntes con tu cámara directamente al Sol.

Observa el cielo y anota cuando veas alguno de los diez tipos principales de nubes que hay abajo. Usa como ayuda los datos de la página 23. ¿Qué tipo de tiempo traen las diferentes nubes? También puedes crear tu propia biblioteca fotográfica de nubes.

Tipo de nube	Fecha	Hora	Condiciones climáticas	Tipo de nube	Fecha	Hora	Condiciones climáticas
Cirro				Estratocúmulo			
Cirrostrato				Cúmulo			
Cirrocúmulo				Cumulonimbo			
Altostrato				Estrato			
Altocúmulo				Nimbostrato			

Actividades

Nombrando nubes

Mediante la información de esta página y la de la página 22, completa las siguientes oraciones con las palabras que faltan. Elige entre:

Nimbostratos   **Cumulonimbos**   **Estratos**   **Cirros**

1. Los .... son delicadas nubes a gran altura, a veces llamadas «colas de conejo»; suelen ser indicadores de buen tiempo.
2. Las nubes de tormenta de mediana altitud que a menudo causan lluvia o nieve se llaman ....
3. Los .... son una capa de nubes grises en forma de sábana, a baja altitud, que oscurecen la luz del sol.
4. Los .... son nubes de tormenta que se extienden hasta grandes altitudes.

Identifica el cielo

El cielo puede dar buenas pistas acerca del tiempo que hará. Lee las frases de abajo acerca de lo que indica cada uno de los cielos y pon el número correcto a cada imagen.

1. Los cirrocúmulos y altocúmulos pueden formar un patrón conocido como «cielo aborregado», porque se asemeja a la lana del borrego. Suele indicar tiempo nublado o lluvioso.

2. «Noche de cielo rojo, marinero en gozo; mañana de cielo rojo, marinero ten ojo». Este proverbio popular resume el conocimiento, adquirido por la experiencia, de que el cielo rojo al amanecer suele advertir de que vendrá mal tiempo.

3. Los altos cúmulos, semejantes a grandes coliflores, usualmente producen lluvia.

Datos sobre nubes

- Entre las nubes de gran altitud están los cirros (nubes delicadas) los cirrocúmulos (pequeñas nubecitas) y cirrostratos (nubes en forma de capa). Se dan en el límite de la troposfera, entre 6000 y 14 000 m de altitud.
- Entre las nubes de altitud media están los altocúmulos (pequeñas nubes algodonosas), los altostratos (en forma de capa) y los nimbostratos (gruesas nubes de lluvia). El límite inferior de estas nubes comienza entre los 2000 y los 6000 m de altitud.
- Entre las nubes de baja altitud están los cúmulos (grandes nubes blancas algodonosas), los estratocúmulos (pesadas nubes grises) y los estratos (nubes grises sin rasgos distinguibles). El límite inferior de estas nubes comienza a menos de 2000 m de altitud.
- Los cumulonimbos se clasifican como nubes de baja altitud porque su parte inferior suele estar a menos de 2000 m de altitud, pero pueden extenderse, por su volumen, hasta el extremo superior de la troposfera, a más de 10 000 m de altitud. A menudo son portadores de tormentas y lluvias abundantes.

¿Sabías que…?

Cuando los aviones vuelan por la estratosfera, sus motores dejan una estela de vapor de agua en el cielo. A tales alturas el vapor cristaliza casi de inmediato, dejando una huella visible, la estela.

Actividades

Tiempo tormentoso

Los huracanes son violentas tormentas tropicales. Se desarrollan sobre los océanos y mares cálidos, en los que enormes cantidades de agua se evaporan y elevan para crear gigantescos cumulonimbos. En las zonas de baja presión atmosférica que hay justo encima de la superficie del mar entra aire que crea vientos circulares. Este es el comienzo de un huracán.

Cómo funciona un huracán

Abajo tienes las principales características de un huracán. Numera el diagrama del 1 al 7 de acuerdo con las descripciones.

¿Sabías que…?

En el hemisferio norte, el efecto Coriolis (página 9) hace girar los vientos de los huracanes en dirección contraria a las agujas del reloj. En el hemisferio sur los hace girar en sentido opuesto.

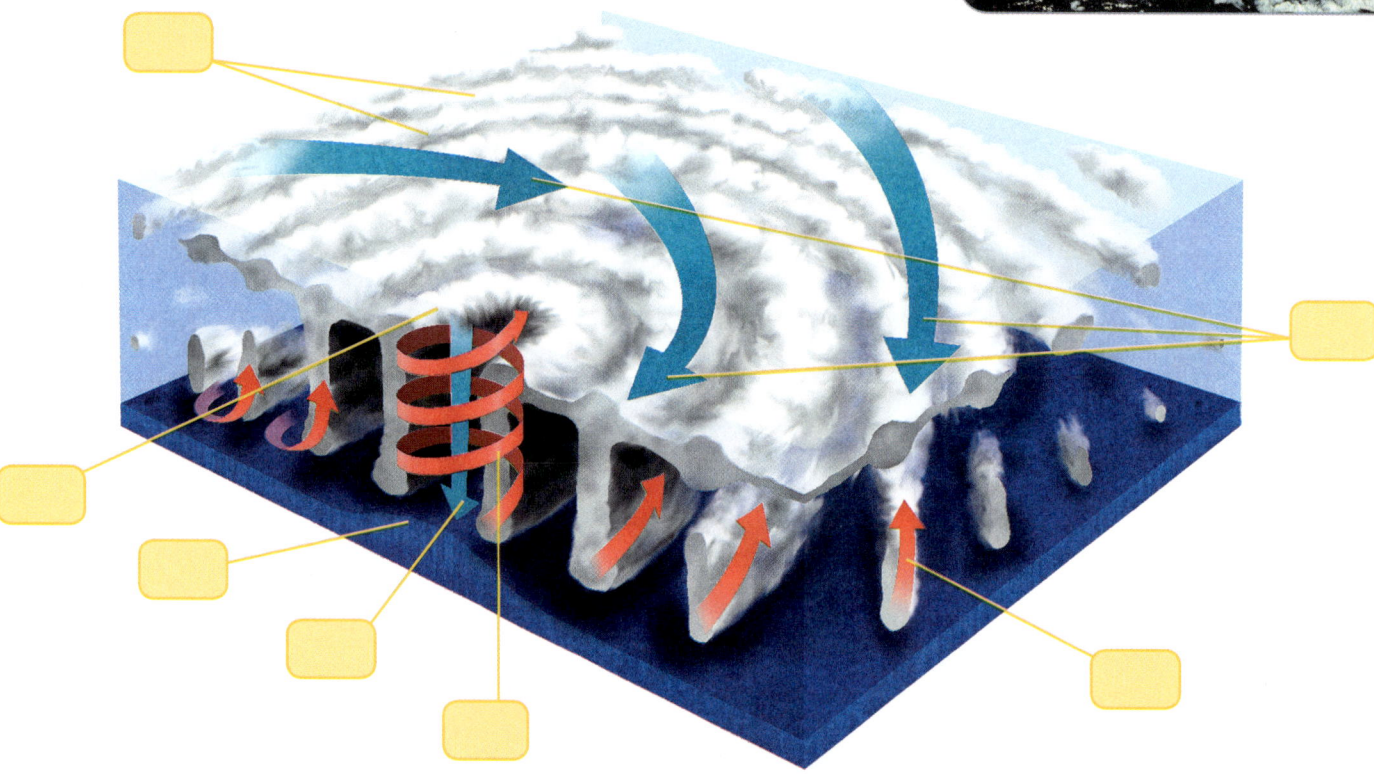

Características de un huracán

1. El centro de un huracán es una zona de presión extremadamente baja. Se llama **ojo** del huracán y apenas hay viento en él.
2. Alrededor del ojo del huracán hay un torbellino de nubes llamado **pared del ojo**.
3. Allí es donde giran los **vientos más fuertes** del huracán, con velocidades de hasta 320 km/h.
4. La presión extremadamente baja del ojo y la alta presión alrededor del mismo desplazan enormes masas de agua hacia el ojo, llamadas **marejadas ciclónicas**.
5. El **aire cálido** sube.
6. Densas nubes forman **bandas en espiral** que suelen producir lluvias torrenciales.
7. **Vientos a gran altitud** se extienden por encima de la tormenta y crean un enorme remolino de nubes.

Truenos y relámpagos

Las tormentas son la forma más habitual de clima violento en el planeta. Están causadas por gigantescos cumulonimbos, y pueden producir un daño tremendo. En un cumulonimbo, el aire cálido, que sube rápidamente, y el aire frío, que baja, crean poderosas corrientes de aire que se arremolinan, arrastrando gotas de agua, cristales de hielo y granizo. Estas son las condiciones en que pueden aparecer los rayos y truenos.

Actividades

Los relámpagos

- Cuando el viento arrastra gotas de agua, cristales de hielo y granizo dentro de una nube, estos se cargan eléctricamente.
- Los cristales de hielo y gotas de agua más ligeros, con carga eléctrica positiva, ascienden a la parte superior de la nube.
- Los cristales de hielo y gotas más pesados, con carga eléctrica negativa, se acumulan en la parte inferior de la nube y hacen que la tierra adquiera carga eléctrica positiva.
- Cuando la diferencia entre las cargas opuestas es muy grande, se libera la energía en forma de rayo, ya sea dentro de la nube o entre la nube y la tierra.
- El trueno y el relámpago ocurren al mismo tiempo, pero las ondas sonoras tardan más en llegar hasta nosotros que la luz del relámpago. Esto explica por qué percibimos antes el rayo que el trueno.

¿Verdadero o falso?

Lee las siguientes frases acerca de los truenos y relámpagos. Usando la información de esta página, márcalas como verdaderas o falsas.

	VERDADERO	FALSO
1. Las nubes de tipo cúmulo son las que producen tormentas.	☐	☐
2. Dentro de una nube de tormenta, las gotas de agua, los cristales de hielo y el granizo se arremolinan.	☐	☐
3. Las partículas cargadas negativamente se acumulan en la parte superior de la nube.	☐	☐
4. Las cargas de la parte inferior de la nube hacen que la tierra adquiera carga eléctrica positiva.	☐	☐
5. El relámpago puede darse dentro de la nube.	☐	☐

¿Qué es el relámpago?

Completa las frases que aparecen abajo utilizando la información de las imágenes.

1. La primera descarga eléctrica desde la base de la nube hasta el punto más alto de la superficie terrestre se llama …………..………..
2. Esta descarga crea un canal por el que puede viajar la electricidad. La sigue inmediatamente un ………………..………., que es una descarga de regreso a la nube.
3. El aire que rodea el relámpago aumenta súbitamente de temperatura, causando una ………………. que oímos en forma de trueno.
4. Puede haber ……………….. de relámpagos a lo largo del canal conductor del golpe principal y el de retorno en una fracción de segundo. Son tan rápidas que las vemos como un relámpago parpadeante.

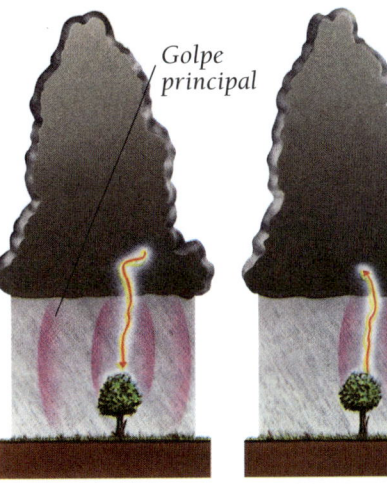
Onda de choque

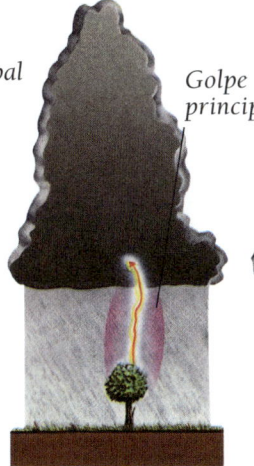
Golpe principal
Golpe de retorno

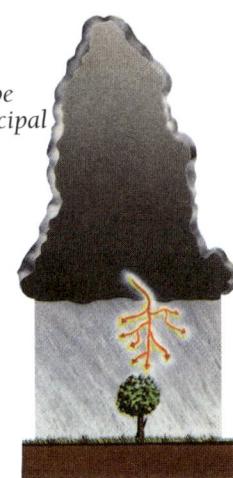
Golpe principal
Varias descargas

Actividades

Nieve y granizo

Los gigantescos cumulonimbos no solo causan truenos y relámpagos, también pueden arrojar granizo. El granizo suele medir menos de 2,5 cm de diámetro, pero a veces llega a tener el tamaño de una naranja (o incluso más) antes de caer al suelo. La nieve está formada por minúsculos cristales de hielo, y por eso es mucho más ligera que el granizo.

Cómo se forma el granizo

Lee los pasos que describen cómo se forma el granizo dentro de una nube. Luego mira el diagrama y numera las cajas según cada fase del proceso.

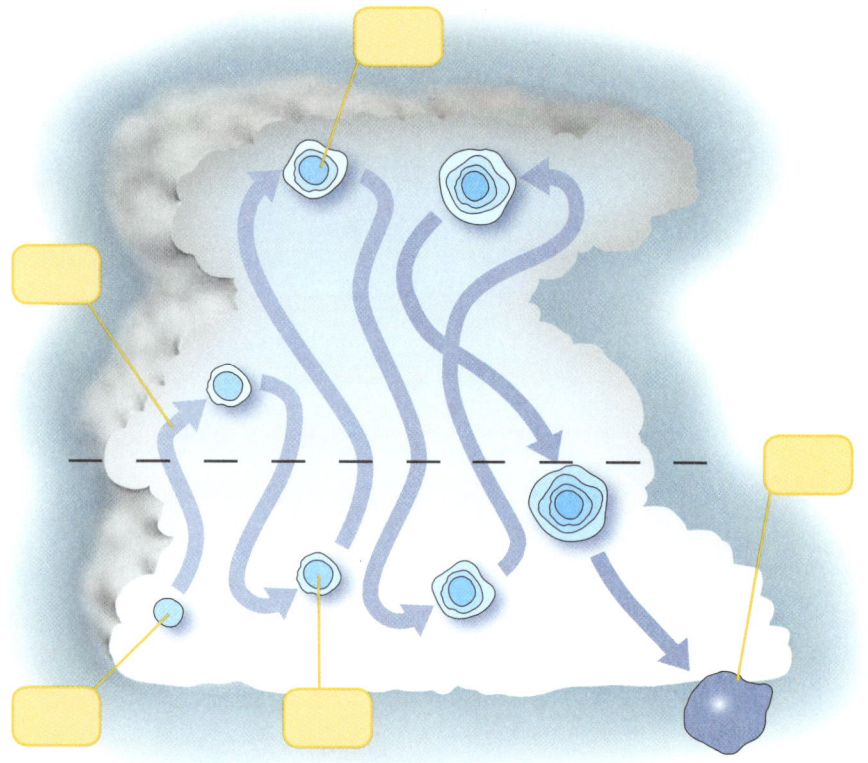

1. El granizo comienza su existencia como gotitas heladas de agua o nieve llamadas embriones de granizo.
2. Las poderosas corrientes de aire en un cumulonimbo arremolinan los embriones de granizo.
3. En las partes inferiores de la nube el embrión queda recubierto por una capa de humedad que se congela cuando el embrión asciende.
4. En la parte superior de la nube, el hielo envuelve al embrión.
5. El embrión crece más y más hasta que es tan grande que cae a la superficie como granizo.

Datos sobre la nieve

- La nieve está formada por minúsculos cristales de hielo que se juntan para formar copos.
- No hay dos copos de nieve iguales; y todos tienen seis lados simétricos.
- La nieve húmeda se crea cuando se acerca la temperatura al punto de congelación. Los copos de nieve quedan cubiertos por una ligera capa de agua que se funde y vuelve a congelar rápidamente, por lo que es muy resbaladiza.
- La nieve seca se da con muy bajas temperaturas. Toda el agua está congelada en estado sólido, de modo que no se apelmaza tanto como la nieve húmeda.
- El aguanieve es la mezcla de nieve húmeda y lluvia.

Ejercicio de nieve

Lee la información acerca de la nieve de la página 11 y de esta página. Subraya la palabra correcta para completar la frase.

1. Los copos de nieve están compuestos por minúsculos **cristales de hielo / gotitas de agua**.
2. Los copos de nieve tienen **seis / ocho** caras y son todos **idénticos / diferentes**.
3. El viento arrastra y deposita nieve hasta crear un enorme montón llamado **pila de nieve / ventisquero**.
4. Los lugares que, como la Antártida, experimentan bajísimas temperaturas, tienden a tener nieve **seca / húmeda**.
5. La nieve húmeda suele ser **muy / muy poco** resbaladiza.

Niebla y escarcha

Cuando las nubes se forman a ras de suelo se las llama niebla o neblina. El aire de la niebla está saturado de minúsculas gotitas de agua que hacen difícil ver a cierta distancia. La niebla y la neblina son similares, pero habitualmente la niebla es más densa. En invierno las temperaturas a nivel del suelo pueden descender tanto que el vapor del aire se congela, formando escarcha.

Actividades

¿Sabías que…?

Se llama punto de rocío a la temperatura a la que el vapor de agua del aire se condensa en gotitas.

Datos sobre niebla

- La neblina y la niebla se forman cuando el aire húmedo, con vapor de agua, se enfría y se condensa en forma de minúsculas gotitas visibles.
- La niebla de radiación tiene lugar en noches claras, cuando no hay nubes que atrapen el calor de la superficie. El calor escapa hacia el espacio y la tierra se enfría, convirtiendo la humedad del aire en gotitas y produciendo niebla.
- La niebla de viento se produce cuando el aire cálido y húmedo pasa por encima de tierra o agua frías. El aire se enfría y la humedad se condensa, creando niebla.
- Con neblina se pueden ver objetos hasta a 1 km de distancia. Con niebla la visibilidad empeora.

¿Verdadero o falso?

Lee las siguientes afirmaciones sobre la niebla. Con la información que hay en esta página, di cuáles son ciertas y cuáles son falsas.

	VERDADERO	FALSO
1. La neblina es más espesa que la niebla.	☐	☐
2. La niebla y la neblina son nubes a ras de suelo.	☐	☐
3. La niebla y la neblina se forman cuando el vapor de agua que hay en el aire se evapora.	☐	☐
4. La niebla de radiación se suele dar en noches nubladas.	☐	☐
5. La niebla de viento es la consecuencia del aire cálido y húmedo sobre una superficie fría.	☐	☐
6. En la niebla la visibilidad es de menos de mil metros. En la neblina, en cambio, se puede ver a esa distancia.	☐	☐

El enigma de la escarcha

Observa las diferentes imágenes de la escarcha y relaciona las descripciones con la fotografía correcta.

1.

2.

3.

a. El tipo de escarcha que forma hermosos dibujos en el cristal de las ventanas se llama **escarcha en helecho**.

b. Cuando pequeños cristales de hielo cubren las superficies con una capa de color blanco brillante, hablamos de **escarcha superficial**.

c. Hablamos de **helada blanca** cuando se amontonan cristales de hielo en objetos sólidos hasta formar una costra.

Actividades

Clima de montaña

Las montañas alcanzan gran altura en la atmósfera terrestre. Algunas son tan altas que a menudo sus cimas quedan por encima del nivel de las nubes de los valles que las rodean. Tienen un gran impacto en el clima, dado que fuerzan al aire a levantarse y bajar. También tienen su propio clima, que cambia con la altitud con respecto al nivel del mar.

¿Sabías que…?

El monte Kilimanjaro, en Tanzania, está en los trópicos, a unos 340 km al sur del ecuador. Sin embargo, su cima, a 5895 m de altitud, está permanentemente cubierta de nieve.

La sombra de lluvia

Lee los pasos que describen el efecto de sombra de lluvia. Luego observa cuidadosamente la imagen y numera correctamente las cajas de acuerdo al paso en cuestión.

1. Cuando el aire húmedo y cálido se desplaza hacia la falda de una montaña se ve empujado hacia arriba.
2. Conforme se eleva, se enfría y se condensa formando nubes.
3. Las nubes se descargan en forma de lluvia, mojando la cara de barlovento de la montaña.
4. El aire frío que fluye a través de las montañas está seco, pues ya ha perdido su humedad.
5. La cara situada a sotavento suele estar mucho más seca que la de barlovento. A esta área se la conoce como zona de sombra de lluvia.

Zonas de la montaña

El clima, la vegetación y la fauna de una montaña cambian según su altitud. Lee las descripciones de las zonas climáticas de una montaña del Himalaya en la imagen. Luego rellena los huecos en blanco con las palabras de la siguiente lista:

alpino   altitud   hoja caduca   límite arbóreo   montañosos   panda rojo

El **quebrantahuesos** vive sobre los picos montañosos y se alimenta de los cadáveres de animales muertos.

El herbazal .... proporciona alimento al **takín** durante el verano.

Los bosques templados de coníferas se extienden por encima de los bosques de hoja caduca. En ellos viven animales como el ....

El **leopardo de las nieves** es uno de los escasos animales capaces de sobrevivir en la tundra a gran ....

El .... (el punto en que el clima se vuelve demasiado frío para que vivan los árboles) se encuentra a aproximadamente 3400 m de altitud. Por encima se encuentran las altas praderas en las que el **asno** pasta en verano.

En la base de la cordillera del Himalaya el clima es tropical, con bosques de .... en los que viven animales como el **langur gris de Nepal**.

Actividades

Tierra y mar

La tierra gana y pierde calor más deprisa que el mar. A causa de esta diferencia, los climas de las zonas costeras suelen ser mucho menos extremos que los de zonas alejadas del mar. En invierno el mar se mantiene relativamente templado en comparación con la tierra, mientras que en verano está relativamente más fresco.

Ejercicio sobre el clima costero

Rodea con un círculo la palabra correcta para completar cada oración. Usa la información de esta página como ayuda.

1. Durante el día, en la costa pueden soplar vientos **marítimos / de tierra**.
2. Las neblinas marítimas suelen ser nieblas de **radiación / viento**.
3. Los vientos húmedos predominantes que soplan desde el mar suelen traer condiciones de **sequedad / humedad** a las costas.
4. Un clima marítimo tiende a tener inviernos **suaves / muy fríos** y veranos **muy cálidos / suaves**.

Una costa nublada

Datos sobre la costa

- Las costas suelen ser lugares ventosos, con brisas marítimas durante el día y brisas de tierra por la noche. En mar abierto no hay obstáculos que puedan detener la fuerza del viento.
- Las neblinas marítimas pueden ser un problema para los barcos. Son nieblas de viento y ocurren cuando el viento cálido sopla sobre el agua fría. A veces las nieblas duran días enteros.
- Las áreas costeras pueden ser bastante lluviosas, en especial si están encaradas a un viento predominante.
- El clima de las regiones costeras es conocido como marítimo, puesto que el mar lo afecta.
- Los fuertes vientos que soplan sobre los océanos ayudan a las aves migratorias, como los albatros, a cubrir largas distancias.

Brisas marítimas y terrestres

Observa cuidadosamente los esquemas que hay a la derecha y completa cada oración con la información que hay en esta página.

1. Durante el día, la ………. gana calor más rápidamente que el ……………
2. Durante el día, el aire cálido se eleva de las zonas terrestres, y el aire ………….…….. procedente del mar ocupa su lugar. A esto se lo llama brisa marítima.
3. Por la noche, la tierra ……………..…. más rápidamente que el mar.
4. Por la noche, el aire ……….....……. se eleva sobre el mar, y el aire frío de la costa ocupa su lugar. A esto se lo llama brisa terrestre.

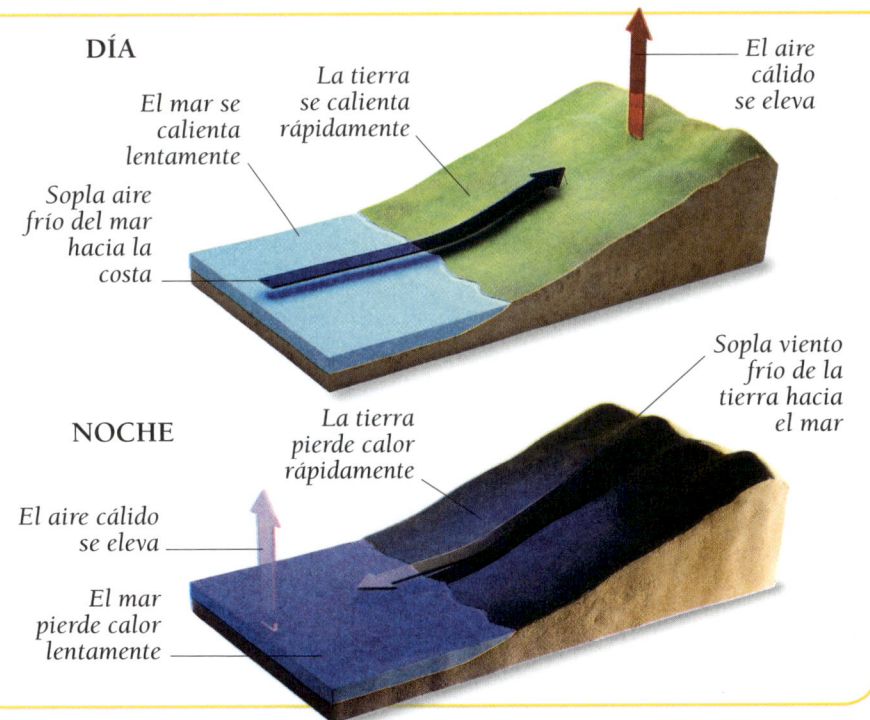

Actividades

El clima y la erosión

El clima tiene un impacto directo en el paisaje. En lugares como los desiertos, con días sumamente cálidos y noches sumamente frías, la diferencia de temperatura experimentada a diario hace que las rocas se rompan. En las regiones montañosas, la humedad que hay en el suelo no para de congelarse y deshelarse, lo que causa fisuras y grietas en las rocas. A estos procesos se los llama meteorización.

De agua a hielo

¿Qué pasa cuando el agua de lluvia se cuela por entre las pequeñas grietas de las piedras y luego se congela? Realiza esta sencilla actividad para averiguar por qué el proceso de congelación, deshielo y nueva congelación acaba agrandando las grietas en las rocas, a veces incluso haciéndolas añicos.

1. Llena hasta la mitad dos jarras con agua. Marca el nivel del agua en ambas jarras con un trozo de cinta aislante.

2. Pon una jarra en el congelador hasta que el agua se convierta en hielo. Luego compara el nivel del hielo con el del agua sin congelar. ¿Permanecen al mismo nivel? ....

Ejercicio sobre la erosión

Lee los datos acerca de la erosión glacial. Luego subraya las palabras correctas para completar cada frase.

1. En las zonas de alta montaña, el sol de verano **no funde / funde** totalmente la nieve.
2. Un glaciar se forma cuando la nieve acumulada se convierte en **hielo / agua**.
3. Un glaciar se desliza **rápidamente / lentamente** montaña abajo.
4. La abrasión se da cuando un glaciar **se desliza por / pulveriza** la roca que tiene debajo.
5. El proceso de un glaciar arrancando rocas enteras se conoce como **atranque / arranque**.

¿Sabías que…?

La fuerza del viento puede causar una gran erosión. El viento puede arrastrar las partículas sueltas del suelo en tormentas de viento. El polvo y la arena arrastrados así pueden erosionar cualquier roca.

Roca erosionada

La erosión glacial

- En las regiones de alta montaña la nieve es permanente. Incluso en verano el sol no es suficientemente fuerte como para fundirla por completo.
- En algunos lugares el peso de la nieve acumulada aplasta el aire que hay en ella y la convierte en hielo. Este forma un glaciar que se desliza lentamente hacia abajo.
- A medida que avanza, el glaciar desmenuza las piedras y las transporta; a esto se lo llama arranque.
- Conforme se desplaza, el glaciar pulveriza la roca que tiene debajo, como un papel de lija que lima la madera. A esto se lo llama abrasión.

Glaciar

El clima en el pasado

¿Cómo sabemos cómo era el clima en el pasado? Estamos rodeados de pistas, ya sea en la naturaleza o en mediciones guardadas por los científicos de siglos anteriores. Incluso las pinturas nos pueden decir algo acerca del clima en el pasado: hay cuadros holandeses del siglo XVII que muestran gente patinando sobre ríos y canales congelados durante un periodo frío conocido como Pequeña Edad de Hielo.

¿Verdadero o falso?

Usando la información de esta página y la de la página 12, marca verdadero o falso para cada una de estas frases.

	VERDADERO	FALSO
1. Las épocas de la historia del planeta en que las capas de hielo crecían se conocen como interglaciales.	☐	☐
2. Los combustibles fósiles liberan dióxido de carbono a la atmósfera en su combustión.	☐	☐
3. El petróleo y el gas natural son combustibles fósiles.	☐	☐
4. Las erupciones volcánicas pueden tener efectos en el clima a miles de kilómetros de la ubicación del volcán.	☐	☐
5. Tras erupciones volcánicas se suelen experimentar temperaturas más altas.	☐	☐
6. Un cambio en el clima es la probable causa de la extinción del mamut lanudo.	☐	☐

Actividades

El clima en el pasado

- Durante la era del Carbonífero, entre 359 y 299 millones de años atrás, el clima en la Tierra era más cálido que hoy en día.
- Carbonífero significa «que produce carbón». Los restos fosilizados de los enormes pantanos y bosques que cubrían el planeta durante esa época nos han llegado como carbón y otros combustibles fósiles.
- Los volcanes pueden tener un gran impacto en el clima. Las cenizas y el polvo de una erupción pueden quedarse en suspensión durante años, y reducir la cantidad de luz solar que llega a la superficie.
- La erupción del Krakatoa, en Indonesia, en 1883, causó un descenso en las temperaturas mundiales de 0,5 °C.
- Durante la última glaciación, los mamuts lanudos pululaban por los bordes de las placas de hielo. Su extinción, hace unos 10 000 años, pudo deberse a la aparición de un clima más cálido y a la caza.

Los anillos de los árboles

Un corte transversal en el tronco de un árbol puede darnos información acerca del clima en el pasado. Une las distintas oraciones con las diferentes partes del árbol.

- Cada año el árbol crece rápidamente y crea una capa clara de **madera temprana**.
- Hacia el final de la temporada de crecimiento, el árbol decrece y se crea una capa de **madera tardía**.
- Juntas, la madera temprana y la tardía forman un dibujo de anillos. Hay **un anillo** por cada año de crecimiento.
- En los años de buen tiempo el árbol crece más y bien, por lo que **los anillos son más amplios**.
- En años de sequía el árbol no crece tan bien, y **los anillos son más estrechos**.

Actividades

Recoger datos climáticos

Los meteorólogos emplean diferentes instrumentos para recoger información. Estos pueden ir desde simples termómetros, para medir las temperaturas, o pluviómetros, para medir el agua de lluvia caída; hasta sensores altamente sofisticados que envían precisas mediciones acerca de la atmósfera terrestre. Toda esta información se usa para analizar cómo se está comportando el clima en el planeta.

¿Sabías que...?

Los aviones meteorológicos dejan caer instrumentos directamente dentro de los huracanes para obtener información acerca de la humedad, temperatura, presión atmosférica, velocidad y dirección del viento. El pequeño tubo que contiene todos los instrumentos se llama radiosonda y envía información al avión mediante un transmisor de radio.

Instrumentos de medición

Observa las imágenes de los instrumentos que usan los meteorólogos para obtener información del clima. A continuación, relaciona las imágenes con su descripción.

a. Una caja llamada **abrigo** o **garita de Stevenson** alberga varios instrumentos meteorológicos. A intervalos regulares, alguien recoge los datos de los instrumentos, resguardados de la luz solar y de la lluvia.

b. Un **barco meteorológico** controla el clima en el mar y envía la información por satélite.

c. Se puede usar un **satélite** para recibir y enviar información del planeta.

d. Un **globo sonda meteorológico** recoge información de las capas altas de la atmósfera terrestre.

g. Una **estación climatológica automatizada** recoge datos de periodicidad anual.

f. Una **boya meteorológica** es una estación meteorológica que flota en la superficie del mar. Transmite los datos a un satélite que, a su vez, los envía a tierra firme.

e. Se puede emplear un **avión meteorológico** para obtener información detallada acerca de fenómenos como huracanes.

Actividades

Ejercicio meteorológico

Utilizando la información de las páginas 13 y 32, completa las oraciones con las siguientes palabras y frases:

garita de Stevenson   **radiosonda**   **velocidad del viento**
avión meteorológico   **geoestacionarios**

1. Los satélites meteorológicos que orbitan la Tierra siempre sobre el mismo punto se llaman satélites ……………..………………
2. Una ……………..……………. es el paquete de instrumentos que transporta un globo meteorológico y un avión meteorológico.
3. Los meteorólogos siguen la trayectoria de los globos meteorológicos para tener una indicación de la ……………..………………
4. Se usa una caja llamada ……………..……………. para proteger los instrumentos de la luz solar directa y de la lluvia.
5. Para obtener información detallada acerca de un huracán, los meteorólogos a menudo emplean un ……………..………………

Observar el clima

Este gráfico climatológico muestra el tiempo durante una semana cualquiera. Mediante la información del gráfico, intenta responder las preguntas de abajo.

	Observaciones generales	Temperatura media diurna	Lluvia	Velocidad del viento
Lunes	Soleado	18,8 °C	Nada	8 km/h
Martes	Algunas nubes	17,2 °C	0,4 mm	8 km/h
Miércoles	Algunas nubes	16,1 °C	0,8 mm	9,6 km/h
Jueves	Nublado	13 °C	0,9 mm	12,9 km/h
Viernes	Lluvioso	12,7 °C	1,4 mm	19,3 km/h
Sábado	Nublado	16,1 °C	Nada	14,4 km/h
Domingo	Nubes bajas	15 °C	0,5 mm	4 km/h

1. ¿Cuál fue el día más caluroso? …………………………………………
2. ¿Qué día llovió más? …………………………………………
3. ¿Qué día hubo más viento? …………………………………………
4. ¿Qué días no llovió en absoluto? …………………………………………
5. ¿Cuál fue el total de precipitaciones en toda la semana? …………

Puedes intentar completar un gráfico como este durante una semana. Necesitarás un termómetro para medir la temperatura, tu pluviómetro para medir las precipitaciones (pág. 21) y tu anemómetro para medir la velocidad del viento (pág. 18). Asegúrate de leer todos tus instrumentos a la misma hora cada día.

Predicción natural

La naturaleza nos da muchas pistas de qué tiempo va a hacer. Lee las siguientes maneras de predecir el clima con métodos naturales. Marca aquellos que hayas observado. ¿Eran efectivos?

Piña

1. Cuando el clima es seco, las escamas de las piñas se abren. Si se acerca tiempo húmedo, las escamas absorben el incremento de humedad y luego vuelven a cerrarse. ☐

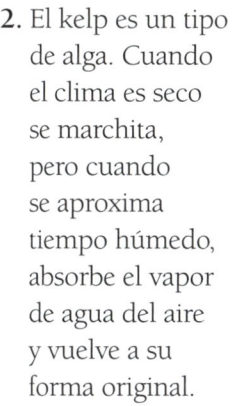
Kelp

2. El kelp es un tipo de alga. Cuando el clima es seco se marchita, pero cuando se aproxima tiempo húmedo, absorbe el vapor de agua del aire y vuelve a su forma original. ☐

3. Al igual que el kelp, la lana reacciona a la cantidad de humedad ambiental. Con tiempo seco la lana al tacto es áspera y seca. Cuando se aproxima tiempo húmedo se vuelve flexible y suave. ☐

4. Las flores de la pimpinela escarlata se cierran cuando decrece la presión atmosférica, lo que indica que va a llover. ☐

Pimpinela escarlata

Actividades

El poder del clima

Los científicos creen que la actividad humana está influyendo en el clima mundial. El uso de combustibles fósiles está liberando gases de efecto invernadero que están calentando la atmósfera de la Tierra. El Sol y el viento pueden ser fuentes alternativas de energía. Las energías solar y eólica son limpias porque no crean gases de efecto invernadero y renovables porque nunca se acabarán.

¿Sabías que…?

Los grupos de aerogeneradores, llamados parques eólicos, se suelen situar sobre colinas o en bancos de arena en el mar ya que necesitan mucho viento para funcionar.

Dentro de un aerogenerador

Lee abajo las descripciones de algunas de las partes de un aerogenerador. Luego numera el esquema de 1 a 5 de acuerdo con las descripciones.

1. Las **palas** tienen la forma adecuada para atrapar el viento.
2. Las palas hacen girar un **eje** de acero.
3. Un pequeño **generador** convierte en electricidad el movimiento giratorio del eje.
4. Un **sensor** montado en el aerogenerador mide la velocidad y dirección del viento. Esta información se introduce en un ordenador que ajusta la posición de las palas con respecto al viento.
5. Una **torre** de acero soporta el aerogenerador. Por dentro hay cables que transportan la electricidad a la red eléctrica, la cual a su vez transporta la energía a los hogares.

La energía solar

- Las plantas de energía solar usan espejos para captar la energía de los rayos de sol. Esta energía se usa para alimentar turbinas que generan electricidad.
- Los paneles fotovoltaicos convierten la energía solar directamente en electricidad.
- Algunos paneles solares usan la energía solar para calentar el agua de uso doméstico en algunos hogares.
- Los desiertos cálidos son lugares idóneos para situar las plantas solares porque reciben la luz del sol de manera casi ilimitada.

Ejercicio sobre la energía solar

Utiliza la información de esta página para rellenar los espacios en las oraciones. Elige entre las siguientes palabras o frases.

gases de efecto invernadero   **fotovoltaicos**   **renovable**
desiertos   **agua**   **espejos**

1. La energía solar es ………………………… porque nunca se acaba.
2. La electricidad de origen solar es limpia porque no produce
   ……………………………………………….
3. Los paneles …………..………… convierten la luz solar directamente en electricidad.
4. Los cielos despejados y libres de nubes de los ……………………… los convierten en lugares idóneos para situar plantas solares.
5. Algunos paneles solares se usan para calentar ……………..………
6. En las plantas solares se usan ………….………….. para captar energía del sol.

Clima y polución

La atmósfera terrestre siempre se ha visto afectada por la contaminación natural, como el humo de los incendios forestales. Pero la polución debida a la actividad humana se ha incrementado drásticamente en los últimos 200 años. El humo y los vapores industriales, así como las emisiones de vehículos y aviones, tienen ahora un efecto sobre la atmósfera de incluso las partes más remotas del planeta.

Actividades

Datos sobre polución

- La polución puede llegar a la lluvia. La lluvia ácida se da cuando los agentes contaminantes de las zonas industriales y de los coches interactúan con la luz solar y el vapor de agua. Puede dañar los árboles y las cosechas situados a miles de kilómetros de la fuente de contaminación.
- Ciudades como Ciudad de México y Nueva Delhi a menudo sufren de esmog fotoquímico. Este se da cuando la polución debida a diferentes vehículos reacciona con la fuerte luz del sol, creando una neblina marrón.
- El humo del carbón es especialmente peligroso, puesto que contiene tanto gases de efecto invernadero como hollín. Esta mezcla puede causar graves enfermedades, así como lluvia ácida y esmog.
- Los incendios forestales liberan gases de efecto invernadero en la atmósfera, así como partículas de hollín y cenizas. Esto puede causar un drástico incremento de las enfermedades en las poblaciones cercanas.

¿Verdadero o falso?

Utiliza la información de esta página y de la página 12 como ayuda para determinar si los siguientes datos son ciertos o falsos.

Las plantas térmicas emiten gases de efecto invernadero a la atmósfera

	VERDADERO	FALSO
1. La presencia de CFC en la atmósfera aumenta los niveles de ozono.	☐	☐
2. El ozono absorbe rayos solares que pueden causar cáncer de piel.	☐	☐
3. La lluvia ácida ayuda a crecer a las plantas.	☐	☐
4. El agujero de ozono ha crecido desde 1990.	☐	☐
5. Las ciudades con clima soleado y muchos coches tienden a sufrir de esmog fotoquímico.	☐	☐
6. Las partículas de hollín de la combustión del carbón pueden causar graves problemas de salud.	☐	☐

La lluvia ácida

Observa atentamente el esquema de la derecha y completa las siguientes oraciones. Utiliza la información que hay en esta página como ayuda.

1. La lluvia ácida es el resultado de la contaminación liberada por ……………… y ………………..
2. Los contaminantes reaccionan con la …………… y el ……………….. que hay en la atmósfera.
3. Cuando llueve, la lluvia es más ……………… de lo normal.
4. La lluvia ácida hace que el suelo pierda sus ………………. Esto hace que los árboles crezcan más despacio o dejen de crecer.

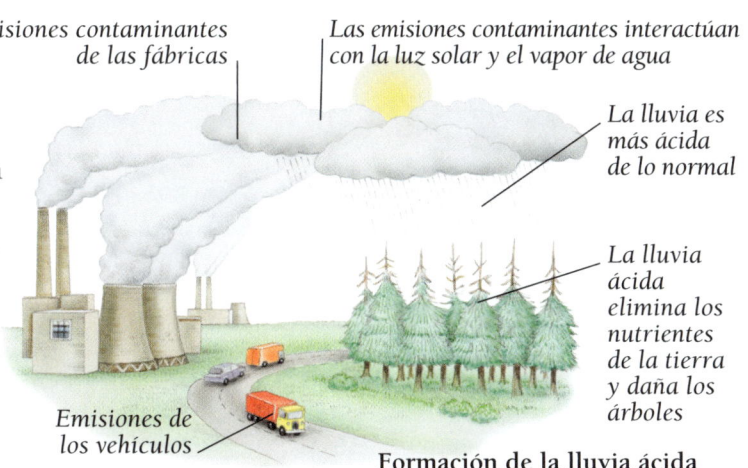

Emisiones contaminantes de las fábricas

Las emisiones contaminantes interactúan con la luz solar y el vapor de agua

La lluvia es más ácida de lo normal

La lluvia ácida elimina los nutrientes de la tierra y daña los árboles

Emisiones de los vehículos

Formación de la lluvia ácida

Actividades

El medio ambiente

Dependemos del medio ambiente para que continúe la vida en la Tierra. Necesitamos la luz del sol y la lluvia para que crezcan las cosechas, y para que la gente y los animales estén sanos. Pero a veces los fenómenos meteorológicos más extremos pueden tener efectos desastrosos para el medio ambiente y la gente. Sucesos como los huracanes, las olas de calor, las inundaciones y los tornados causan la pérdida de miles de vidas y daños económicos enormes.

El clima y el medio ambiente

Este mapa del mundo muestra la localización de algunos de los desastres meteorológicos más recientes. Completa las oraciones con las palabras que faltan, usando como ayuda la información al final del libro.

Ola de calor
Una ola de calor que sofocó gran parte de Europa durante el verano de …................ acabó con la vida de al menos 35 000 personas. En muchos países las temperaturas alcanzaron máximos históricos, como los 38,7 °C del Reino Unido, la temperatura más alta de la que allí se tiene constancia.

Tormenta de hielo
Una tormenta de hielo, que causó daños por unos 5000 millones de dólares, azotó el este de Canadá en …............ de 19…... Esta tormenta de hielo también azotó partes del noreste de EE UU. La tormenta derribó las líneas eléctricas por toda la región, obligando a millones de personas a sobrevivir al frío invierno sin electricidad.

Huracán
El huracán ….................... barrió Florida, Louisiana, Misisipi y Alabama en agosto de 2005. Inundó el 80 % de la ciudad de Nueva Orleans, en Louisiana. Fue uno de los huracanes más destructivos que han azotado EE UU.

Avalancha
Si la nieve que hay en una ladera se vuelve inestable, puede deslizarse en forma de avalancha. Algunas avalanchas son tan grandes que pueden enterrar pueblos enteros. Es lo que ocurrió en Austria en 1999, cuando una enorme avalancha sepultó el pueblo de Galtür.

Actividades

Sequía
La sequía y una guerra civil causaron una hambruna que se cobró un millón de vidas entre 1984–1985 en ……………….., África. Cuando las cosechas se perdieron debido a la sequía, los rebeldes evitaron que la comida llegase a los habitantes de las zonas que controlaban.

Ejercicio sobre los fenómenos extremos

Subraya la palabra correcta para completar cada oración. Usa la información de la página 11 como ayuda.

1. Los huracanes se originan cuando el aire **cálido y húmedo / seco y frío** se eleva sobre la superficie del mar.
2. Los huracanes necesitan una temperatura del mar de **menos de / más de** 27 °C para originarse.
3. En el océano Índico se conoce a los huracanes como **ciclones tropicales / tifones**.
4. En las tormentas de hielo el peso del hielo **puede / no puede** romper las ramas de los árboles.
5. Las olas de calor suelen ser causadas por anticiclones **estacionarios / bloqueantes**, que son zonas en las que se estanca la presión atmosférica.
6. La falta de lluvias puede causar **inundaciones / sequías**.

Asia

Océano Índico

Australia

Inundaciones
En julio de 2005, la ciudad de …………….., en la India, sufrió una inundación. El monzón de suroeste trajo la lluvia que la causó. Aquel año las lluvias monzónicas fueron tan fuertes que en solo 24 horas llovió en la ciudad el equivalente a medio año normal. En algunos lugares el agua superó la altura de las personas.

Flujo de lodo
Las fuertes lluvias pueden causar aludes o flujos de lodo cuando las colinas se convierten en rápidos ríos de barro y escombros. En 2007 unas lluvias especialmente fuertes originaron un flujo de lodo que enterró un pueblo entero en ………………….. Murieron más de 200 personas.

Incendios forestales
Desde septiembre de 2019 hasta marzo de 2020, una serie de incendios quemó 186 000 km² de superficie arbustiva en Australia. Los incendios destruyeron 5900 edificios y provocaron la muerte de al menos 34 personas.

¿Sabías que…?
En los climas muy cálidos, el golpe de calor es un riesgo real. Sucede cuando la temperatura de una persona sube demasiado (por encima de los 40,6 °C). Es vital enfriar a la víctima a fin de hacer bajar su temperatura.

Cuestionario

El clima en la atmósfera

Responde a estas preguntas y comprueba tus respuestas en la página 46.

1 ¿En qué capa de la atmósfera terrestre sucede casi toda la climatología del planeta?

- a. Estratosfera
- b. Termosfera
- c. Troposfera
- d. Mesosfera

2 Numera del 1 al 4 estos pasos para ver cómo se forma una nube.

- a. Las pequeñas gotitas en el aire forman una nube.
- b. Una zona de tierra cálida hace que se eleve una burbuja de aire caliente.
- c. La tierra se calienta y calienta el aire que tiene encima.
- d. Conforme el aire se eleva, el vapor de agua comienza a enfriarse y condensarse.

3 Marca los tres tipos de nubes bajas de esta lista.

- a. Cúmulos
- b. Estratos
- c. Nimbostratos
- d. Cumulonimbos

4 ¿Cuál de las siguientes no es una nube de gran altura?

- a. Cirros
- b. Altocúmulos
- c. Cirrocúmulos
- d. Cirrostratos

5 ¿Por qué a menudo ves el relámpago antes de oír el trueno?

- a. Porque ocurren en diferentes lugares.
- b. Porque el sonido viaja más rápido que la luz.
- c. Porque tus ojos son más sensibles que tus oídos.
- d. Porque la luz viaja más rápido que el sonido.

6 ¿Cómo se llama la niebla causada por el aire cálido y húmedo que se desplaza sobre tierra o agua fría?

- a. Niebla de viento
- b. Esmog
- c. Niebla de radiación
- d. Escarcha

7 ¿Cuál de estas palabras no hace referencia a un tipo de escarcha?

- a. Superficial
- b. En helecho
- c. En hoja
- d. Helada blanca

8 ¿Cuáles son las dos principales causas de la lluvia ácida?

- a. La contaminación industrial
- b. Las erupciones volcánicas
- c. Las emisiones de vehículos
- d. Los incendios forestales

9 ¿Cuáles de los siguientes son gases de efecto invernadero?

- a. Vapor de agua
- b. Oxígeno
- c. Metano
- d. Dióxido de carbono

10 ¿Dónde se encuentra el agujero de la capa de ozono?

- a. Sobre el ecuador
- b. Sobre el Polo Norte
- c. Sobre EE UU
- d. Sobre la Antártida

Cuestionario

El Sol y la Tierra

Responde a estas preguntas y comprueba tus respuestas en la página 46.

1 ¿Aproximadamente cuánta de la energía del Sol llega a la superficie de nuestro planeta?

- a. 20 %
- b. 16 %
- c. 50 %
- d. 4 %

2 ¿Qué regiones del planeta reciben más energía calorífica del Sol?

- a. Los polos
- b. Los trópicos
- c. Los subtrópicos
- d. Las zonas templadas

3 ¿Cuál de las siguientes superficies tiene un mayor albedo?

- a. La de la nieve
- b. La de la hierba
- c. La de la madera
- d. La del asfalto

4 ¿En qué estación ocurre el día más largo del año?

- a. Otoño
- b. Invierno
- c. Verano
- d. Primavera

5 ¿En qué estaciones se encuentra el Polo Norte más alejado del Sol?

- a. Verano en el hemisferio norte
- b. Invierno en el hemisferio sur
- c. Invierno en el hemisferio norte
- d. Verano en el hemisferio sur

6 ¿Cuál de estas no es una característica de la primavera?

- a. Las temperaturas ascienden gradualmente.
- b. Los animales entran en hibernación.
- c. Los días se alargan.
- d. Las plantas crecen.

7 ¿Cuántas estaciones hay en muchas regiones tropicales?

- a. Cuatro estaciones
- b. Dos: una húmeda y una seca
- c. No hay estaciones
- d. Tres estaciones

8 Numera del 1 al 4 estas descripciones de las estaciones en el orden correcto empezando por el invierno.

- a. Las temperaturas descienden y a menudo aumentan las precipitaciones.
- b. Las temperaturas ascienden y los días duran más.
- c. Las temperaturas suelen ser altas y los días son largos.
- d. Las temperaturas son bajas, con nieve o lluvia, y los días son cortos.

9 ¿Cuántos colores hay en un arcoíris?

- a. 7
- b. 5
- c. 9
- d. 6

10 ¿Cuáles son las tres ventajas principales de la energía solar?

- a. No produce gases de efecto invernadero.
- b. Funciona con clima lluvioso.
- c. Nunca se acabará.
- d. Es una alternativa a los combustibles fósiles.

Cuestionario

Las corrientes oceánicas y atmosféricas

Responde a estas preguntas y comprueba tus respuestas en la página 46.

1. ¿Cuáles son las dos características del aire cuando se calienta?

- a. Se vuelve más denso.
- b. Comienza a elevarse.
- c. Se vuelve menos denso.
- d. Comienza a hundirse.

2. ¿Cuál de estas palabras no describe un tipo de viento?

- a. Catabático
- b. Alisio
- c. Cúmulo
- d. Predominante

3. ¿Cuál es la causa de la desviación de los vientos llamada efecto Coriolis?

- a. Diferencias de temperatura
- b. Diferencias en la presión atmosférica
- c. Altas montañas
- d. La rotación del planeta

4. ¿Cuáles son los dos nombres alternativos para huracán?

- a. Ciclón tropical
- b. Tornado
- c. Tifón
- d. Gustonado

5. ¿Cuáles de estos son dos efectos típicos del fenómeno El Niño?

- a. Menos lluvias en Australia
- b. Más lluvias en Australia
- c. Más lluvias en América del Sur
- d. Menos lluvias en América del Sur

6. ¿Cuáles de estas son corrientes oceánicas?

- a. Mistral
- b. Humboldt
- c. del Golfo
- d. Benguela

7. Numera del 1 al 4 las fases de formación de un huracán.

- a. Los vientos comienzan a circular de forma giratoria.
- b. Se crean gigantescos cumulonimbos.
- c. El aire se precipita a la zona de baja presión atmosférica sobre la superficie del agua.
- d. Enormes cantidades de agua se evaporan de la superficie cálida del mar.

8. Si la temperatura exterior es de 5 °C y la temperatura de sensación es de -1 °C, ¿cuál es la verdadera temperatura del aire?

- a. -1 °C
- b. 5 °C
- c. 10 °C
- d. -5 °C

9. ¿Qué es la brisa marina?

- a. Un viento que sopla en mar abierto
- b. Un viento que sopla desde tierra firme hacia el mar
- c. Un viento que sopla del mar hacia tierra firme

10. La escala de Beaufort se usa para describir:

- a. La fuerza del viento
- b. La fuerza del Sol
- c. La presión atmosférica
- d. La fuerza de una corriente

Cuestionario

Lluvia, nieve y granizo

Responde a estas preguntas y comprueba tus respuestas en la página 46.

1 ¿Cuál de las siguientes no es una precipitación?

- a. Lluvia
- b. Granizo
- c. Nieve
- d. Humedad
- e. Aguanieve

2 ¿A partir de qué tamaño se consideran llovizna las gotas de lluvia?

- a. Más de 0,5 mm de diámetro
- b. Menos de 0,5 mm de diámetro
- c. Menos de 5 mm de diámetro

3 ¿Cómo definen los meteorólogos las fuertes lluvias?

- a. Cuando superan los 7,5 mm en una hora
- b. Cuando superan los 0,5 mm en una hora
- c. Cuando superan los 2 mm en una hora

4 ¿Qué tres respuestas son posibles consecuencias de la escasez de lluvias?

- a. Inundaciones
- b. Sequías
- c. Hambrunas
- d. Incendios forestales

5 ¿Qué es una ventisca?

- a. Un aguacero
- b. Una tormenta de nieve con fuertes vientos
- c. Un fuerte viento
- d. Una nevada

6 Ordena del 1 al 4 las siguientes fases del ciclo de una granizada.

- a. El embrión de granizo se va recubriendo de capas de agua y hielo.
- b. Poderosas corrientes de aire arremolinan el embrión.
- c. El granizo comienza a existir como embrión de granizo.
- d. El embrión se vuelve tan pesado que cae en forma de granizo.

7 ¿Qué es el aguanieve?

- a. Lluvia fría
- b. Lluvias intensas
- c. Una mezcla de lluvia y nieve húmeda
- d. Nieve espesa

8 Ordena del 1 al 4 las siguientes oraciones que describen el efecto de sombra de lluvia.

- a. El aire cálido y húmedo se ve obligado a ascender al encontrarse con una cadena montañosa.
- b. El aire seco fluye por las montañas hacia la cara de sotavento.
- c. Llueve sobre la cara de barlovento de las montañas.
- d. Conforme el aire asciende, se enfría y se condensa, formando nubes.

9 De estos fenómenos, las lluvias intensas pueden causar dos. ¿Cuáles?

- a. Flujos de lodo
- b. Avalanchas
- c. Inundaciones
- d. Tormentas de hielo

10 ¿Desde qué dirección sopla el húmedo monzón asiático?

- a. Noreste
- b. Suroeste
- c. Sureste
- d. Noroeste

Cuestionario

El clima y el cambio climático

Responde a estas preguntas y comprueba tus respuestas en la página 46.

1 ¿Qué clima es cálido y húmedo todo el año?

- a. Subtropical
- b. Mediterráneo
- c. Monzónico tropical
- d. Tropical

2 ¿Qué clima tiene menos de 250 mm de precipitación anual?

- a. Desierto
- b. Continental
- c. Semiárido
- d. Templado

3 Marca las tres características del clima mediterráneo.

- a. Vegetación de matorral
- b. Muchas precipitaciones en invierno
- c. Veranos cálidos
- d. Inviernos extremadamente fríos

4 ¿Qué ave ostenta el récord de distancia de migración?

- a. El gorrión
- b. La gaviota
- c. El charrán ártico
- d. El albatros

5 ¿Cuáles de las siguientes especies poseen las características necesarias para vivir en los climas fríos?

- a. Pingüino
- b. Camello
- c. Leopardo de las nieves
- d. Árboles coníferos

6 ¿Cuándo terminó, aproximadamente, la última glaciación?

- a. Hace 1 millón de años
- b. Hace 100 000 años
- c. Hace 1000 años
- d. Hace 10 000 años

7 ¿Cuál de estos no es un posible efecto del calentamiento global?

- a. Aumento del nivel del mar
- b. Climas más extremados
- c. Descenso del nivel del mar
- d. Deshielos

8 Numera del 1 al 4 estas descripciones en el orden en que las experimentarías en un ascenso a una montaña en el Himalaya.

- a. Nieve y hielo permanentes
- b. Límite arbóreo
- c. Bosques tropicales
- d. Tundra

9 ¿Qué es un clima marítimo?

- a. Un clima cálido
- b. Un clima influido por el mar
- c. Un clima húmedo
- d. Un clima montañoso

10 ¿Qué lugar de la Tierra ostenta el récord de lugar más árido?

- a. Sáhara (norte de África)
- b. Desierto de Atacama (Chile)
- c. Gran Desierto Arenoso (Australia)
- d. Desierto de Thar (Pakistán / India)

El pronóstico del tiempo

Responde a estas preguntas y comprueba tus respuestas en la página 46.

1 ¿Con qué término se conoce a los científicos del clima?

- a. Zoólogos
- b. Farmacólogos
- c. Meteorólogos
- d. Hidrólogos

2 ¿A qué altitud aproximada orbitan la Tierra los satélites geoestacionarios?

- a. 3600 km
- b. 10 000 km
- c. 40 000 km
- d. 36 000 km

3 ¿Qué es una radiosonda?

- a. Un instrumento de los satélites meteorológicos
- b. Un instrumento de los globos meteorológicos
- c. Un instrumento que deja caer un avión meteorológico

4 Ordena del 1 al 4 estos pasos para describir un frente cálido.

- a. El aire denso y frío desciende.
- b. El aire cálido se eleva.
- c. Las nubes a menudo provocan lluvia.
- d. El aire cálido se condensa y forma nubes.

5 ¿Qué masa de aire se define como cálida y húmeda cuando circula sobre el mar?

- a. Continental tropical
- b. Continental polar
- c. Marítima polar
- d. Marítima tropical

6 ¿Cuál de los siguientes instrumentos no se usa para recoger información sobre el clima?

- a. Radiador
- b. Termómetro
- c. Pluviómetro
- d. Veleta

7 ¿Cómo se recoge la información sobre mares y océanos?

- a. Mediante globos meteorológicos
- b. Mediante barcos meteorológicos
- c. Con una pantalla Stevenson
- d. Mediante boyas meteorológicas

8 ¿Qué mide un anemómetro?

- a. La velocidad del viento
- b. La precipitación
- c. La cantidad de luz solar
- d. La dirección del viento

9 ¿Cuáles de estos elementos te podrían ayudar a predecir el clima?

- a. Una piedra
- b. Una piña
- c. El kelp
- d. Una pimpinela escarlata

10 ¿Cuáles son los vientos más rápidos medidos en un huracán?

- a. Hasta 500 km/h
- b. Hasta 300 km/h
- c. Hasta 200 km/h
- d. Hasta 100 km/h

Soluciones

Soluciones de las actividades

Después de completar cada página de actividades, puedes comprobar aquí tus respuestas.

Página 14
¿Qué clima?
2 Invierno muy frío, verano corto y fresco
3 Polar
4 Templado
5 Veranos cálidos, inviernos fríos
6 Semiárido
7 Subtropical
8 Calor y humedad todo el año
9 Desierto

Página 15
Adaptación al clima
1 Dromedario
2 Pingüino
3 Leopardo de las nieves
4 Árbol de bosque lluvioso
5 Árbol conífero
6 Cactus

Hogares y climas
1 Adobe
2 Iglúes
3 Yurtas
4 Tejados inclinados

Página 16
Compruébalo tu mismo
La número 2 es más grande porque la luz de la linterna incide sobre el papel en ángulo, de manera que la luz se esparce. Cuando el haz se enfoca directamente en vertical, la luz es más intensa y concentrada.

Ejercicio solar
1 La mitad
2 Albedo
3 Más
4 Hacia el Sol
5 Siete
6 Rojizo

Página 17
Nombra las corrientes

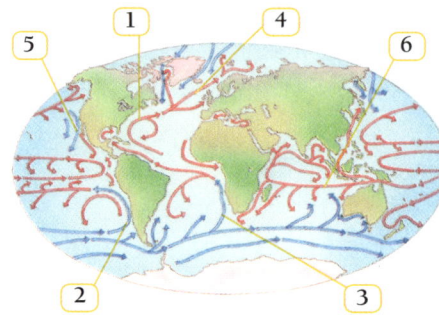

El Niño

Página 19
¿Qué es la temperatura de sensación?
1 -1 °C
2 -16 °C
3 8 °C
4 25 °C

Un enigma retorcido
1 Nube madre
2 Cono
3 Devastación

Página 20
Masas de aire

Frentes cálidos y frentes fríos
Frente cálido
1 Nubes
2 Denso y frío
3 El aire menos denso y más cálido pasa por encima
4 Lluvia

Frente frío
1 Nubes de tormenta
2 Denso y frío
3 Pronunciada pendiente
4 Aire cálido

Página 21
¿Verdadero o falso?
1 Falso. Los vientos soplan desde áreas de alta presión hacia áreas de baja presión.
2 Verdadero
3 Falso. Viene del océano Índico.
4 Verdadero
5 Falso. Crea baja presión.

Página 23
Nombrando nubes
1 Cirros
2 Nimbostratos
3 Estratos
4 Cumulonimbos

Identifica el cielo

Página 24
Cómo funciona un huracán

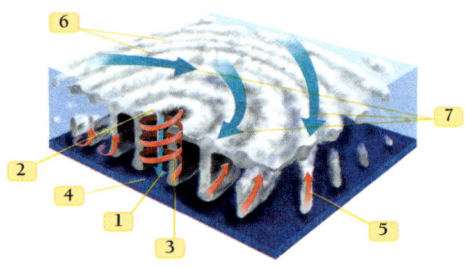

Soluciones

Página 25
¿Verdadero o falso?
1 Falso. Son los cumulonimbos los que producen tormentas.
2 Verdadero
3 Falso. Las partículas cargadas positivamente se acumulan en la parte superior de la nube.
4 Verdadero
5 Verdadero

¿Qué es el relámpago?
1 Golpe principal
2 Golpe de retorno
3 Onda de choque
4 Varias descargas

Página 26
Cómo se forma el granizo

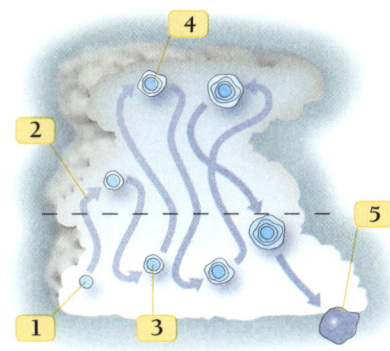

Ejercicio de nieve
1 Cristales de hielo
2 Seis / idénticos
3 Ventisquero
4 Seca
5 Muy

Página 27
¿Verdadero o falso?
1 Falso. La niebla es más espesa que la neblina.
2 Verdadero
3 Falso. Ocurre cuando el vapor se condensa.
4 Falso. Se da en noches calmadas y despejadas.
5 Verdadero
6 Verdadero

El enigma de la escarcha
1 b 2 c 3 a

Página 28
El efecto de sombra de lluvia

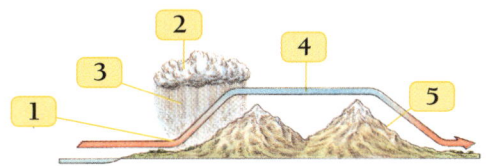

Zonas de la montaña
El quebrantahuesos vive en picos **montañosos**.
El herbazal **alpino**.
Los bosques templados de coníferas son el hogar del **panda rojo**.
El leopardo de las nieves puede vivir a gran **altitud**.
El **límite arbóreo** es el punto en que el clima se vuelve demasiado frío para que vivan los árboles.
En la base del Himalaya hay bosques de **hoja caduca**.

Página 29
Ejercicio sobre el clima costero
1 Marítimos
2 Viento
3 Humedad
4 Suaves / cálidos

Brisas marítimas y terrestres
1 Tierra / mar
2 Frío
3 Pierde calor
4 Cálido

Página 30
De agua a hielo
Conforme el agua se congela aumenta de volumen, lo que agranda las grietas de las piedras.

Ejercicio sobre la erosión
1 No funde
2 Hielo
3 Lentamente
4 Pulveriza
5 Arranque

Página 31
¿Verdadero o falso?
1 Falso. Son las eras glaciales.
2 Verdadero
3 Verdadero
4 Verdadero
5 Falso. Los niveles de ceniza y polvo en suspensión aumentan, bloquean los rayos del sol y reducen las temperaturas en todo el mundo.
6 Verdadero

Los anillos de los árboles

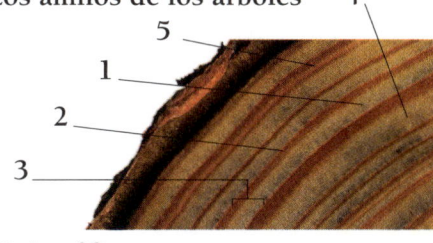

Página 32
Instrumentos de medición
1 c 2 f 3 e 4 a 5 g 6 d 7 b

Página 33
Ejercicio meteorológico
1 Geoestacionarios
2 Radiosonda
3 Velocidad del viento
4 Garita de Stevenson
5 Avión meteorológico

Observar el clima
1 Lunes
2 Viernes
3 Viernes
4 Lunes y sábado
5 4 mm

Página 34
Dentro de un aerogenerador

45

Soluciones

Página 34
Ejercicio sobre la energía solar
1 Renovable
2 Gases de efecto invernadero
3 Fotovoltaicos
4 Desiertos
5 Agua
6 Espejos

Página 35
¿Verdadero o falso?
1 Verdadero
2 Verdadero
3 Falso. Acaba con los nutrientes del suelo y afecta a su crecimiento.
4 Falso. La capa de ozono ha decrecido.
5 Verdadero
6 Verdadero

La lluvia ácida
1 Vehículos y fábricas
2 Luz solar / vapor de agua
3 Ácida
4 Nutrientes

Páginas 36 y 37
El clima y el medio ambiente
Ola de calor: 2019
Sequía: Etiopía
Inundaciones: Bombay
Huracán: Katrina
Tormenta de hielo: enero de 1998
Flujo de lodo: Filipinas

Página 37
Ejercicio sobre los fenómenos extremos
1 Cálido y húmedo
2 Más de
3 Ciclones tropicales
4 Puede
5 Estacionarios
6 Sequías

Soluciones del cuestionario

Después de completar cada cuestionario, puedes comprobar aquí tus respuestas.

Página 38
El clima en la atmósfera
1 c 2 c 1, b 2, d 3, a 4 3 a, b, d 4 b
5 d 6 a 7 c 8 a, c 9 a, c, d 10 d

Página 39
El Sol y la Tierra
1 c 2 b 3 a 4 c 5 c, d 6 b 7 b, c
8 d 1, b 2, c 3, a 4 9 a 10 a, c, d

Página 40
Corrientes oceánicas y atmosféricas
1 b, c 2 c 3 d 4 a, c 5 a, c 6 b, c, d
7 d 1, b 2, c 3, a 4 8 b 9 c 10 a

Página 41
Lluvia, nieve y granizo
1 d 2 b 3 a 4 b, c, d 5 b 6 c 1, b 2, a 3, d 4 7 c 8 a 1, d 2, c 3, b 4
9 a, c 10 b

Página 42
El clima y el cambio climático
1 d 2 a 3 a, b, c 4 c 5 a, c, d 6 d
7 c 8 c 1, b 2, d 3, a 4 9 b 10 b

Página 43
La previsión meteorológica
1 c 2 d 3 b, c 4 b 1, a 2, d 3, c 4
5 d 6 a 7 b, d 8 a 9 b, c, d 10 b

Agradecimientos

Dorling Kindersley desea expresar su agradecimiento a:

Stewart J. Wild y Julie Ferris por la revisión; Robert Dinwiddie por el asesoramiento para la edición de 2020, y Harish Aggarwal y Priyanka Sharma por la cubierta.

Los editores desean agradecer a las siguientes personas e instituciones el permiso para reproducir sus imágenes:

(Clave de las abreviaturas: a=arriba; b=abajo; c=centro; e=extremo; i=izquierda; d=derecha; s=superior)

NASA: 6 (bc). **13** Finley Holiday Films (bi). **24** Finley Holiday Films (cda). **DK Images: 29** Dan Bannister (ca). **41** Rough Guides (bd).

Las demás imágenes
© Dorling Kindersley

Para más información:
www.dkimages.com

ZONAS CLIMÁTICAS

Región	Tropical	Monzón tropical	Tropical húmedo/seco
Ubicación	Cuenca del Amazonas, América del Sur, Malasia, Indonesia	India, Bangla Desh, Myanmar (Birmania)	África central, Brasil, Venezuela
Estaciones	No hay estación seca	Estación seca corta	Estaciones seca y húmeda separadas
Características	Calor y humedad todo el año	Lluvias estacionales de origen monzónico	Más fresco durante la estación seca
Vegetación	Bosque lluvioso	Bosque monzónico	Herbazal tropical (sabana)

Región	Desierto	Semiárido	Subtropical
Ubicación	Norte de África, México, Australia central	Sur de Asia, oeste de EE UU	Sureste de EE UU, este de Australia
Estaciones	Seco y cálido todo el año	Veranos cálidos y secos, inviernos fríos	Veranos cálidos, inviernos suaves
Características	Menos de 250 mm de precipitaciones anuales	Más precipitaciones que en los climas desérticos	Mucha humedad, tormentas de verano
Vegetación	Cactus	Herbazal	Pluvisilva templada

Región	Mediterráneo	Templado	Continental
Ubicación	California (EE UU); costas del mar Mediterráneo	Europa occidental, Oeste de América del Norte	Medio Oeste de EE UU
Estaciones	Veranos cálidos y secos, inviernos fríos	Veranos cálidos, inviernos suaves	Veranos cálidos, inviernos fríos
Características	Pocas lluvias en verano; muchas en invierno	Muchas precipitaciones durante todo el año	Nieve en invierno
Vegetación	Arbustos y árboles	Bosque caducifolio	Herbazal templado

Región	Taiga	Tundra	Polar
Ubicación	Norte de Canadá, Alaska, Eurasia	Zonas costeras del Ártico	Ártico, Antártida
Estaciones	Inviernos muy fríos, veranos cortos y frescos	Frío todo el año	Frío extremo todo el año
Características	Cubierto de nieve en invierno, húmedo en verano	Suelo permanentemente helado	Hielo y nieve
Vegetación	Bosques de coníferas	Arbustos bajos, líquenes, musgo	Ninguna

RÉCORDS CLIMÁTICOS

Récord	Lugar más frío	Lugar más cálido	Lugar más húmedo
Estadísticas	Temperatura: -89,2 °C	Temperatura: 56,7 °C	11 872 mm (precipitación media anual)
Ubicación	Vostok	Valle de la Muerte (California)	Mawsynram (India)
Continente	Antártida	América del Norte	Asia
Fecha	21 julio de 1983	10 de julio de 1913	Media a lo largo de 38 años

Récord	Lugar más seco	Viento más rápido	Granizo más grande
Estadísticas	15 mm de precipitación anual	512 km/h, velocidad en un tornado	20 cm de diámetro, 47,3 cm de circunferencia
Ubicación	Desierto de Atacama (Chile)	Oklahoma City (EE UU)	Vivian (Dakota del Sur)
Continente	América del Sur	América del Norte	América del Norte
Fecha	Media durante más de 60 años	3 de mayo de 1999	23 de julio de 2010

DESASTRES CLIMATOLÓGICOS

Fenómeno	Huracán Katrina	Ola de calor	Tormenta de hielo
Fecha	Agosto de 2005	Julio de 2019	Enero de 1998
Ubicación	Florida, Louisiana, Misisipi, Alabama (EE UU)	Europa Occidental	Canadá y noreste de EE UU
Continente	América del Norte	Europa	América del Norte
Daños	Más de 1800 víctimas	Varios miles de víctimas	Daños por 5000 millardos de dólares

Fenómeno	Inundaciones	Sequía	Flujo de lodo
Fecha	Julio de 2005	1984–1985	2017
Ubicación	Bombay (India)	Etiopía	Filipinas
Continente	Asia	África	Asia
Daños	Más de mil víctimas	Un millón de víctimas	Más de 200 víctimas